Generator

ジェネレーター

学びと活動の生成

市川 力＋井庭 崇

はじめに――ジェネレーターの森を散策する

ようこそジェネレーターの森へ。

ここから先は、ワクワクする創造的な世界が広がります。ここでは、いろいろなものに出会うでしょう。きれいに整理された人工的な世界ではなく、ちょっと混沌としていて雑多なものが混じり、関わりあい、新しい出来事が生じている、そんな森です。これは、過去から現在にかけて蓄積された世界であり、また、未来が始まっている世界でもあります。

これからの時代は、どんな人も創造的に暮らす時代だと言えるでしょう。「創造的な暮らし」というと、これまでとは異なる新しいことのように聴こえるかもしれませんが、工業化・産業化が進む前はごく当たり前のことでした。なぜなら、私たちは日常で必要なものを自分たちでつくって生活していたからです。ものだけでなく、生活の知恵・仕組みもこうして日々の暮らしの中で、仲間とともに自分なりに工夫して生み出していました。むしろ、人間が創造的に暮らすというのは、自然なことだったのです。

しかし、私たちは消費社会・情報社会を生きるなかで、自らつくり出さずとも安楽に暮らせるようになりました。それは自然を征服し、人為によってコントロールし、安定して暮らすという人類の目論見の産物でした。その仕組みは、ある面では成功しましたが、他方で、人工的な環境・制度のなかで人間性が大きく損なわれるという事態も生み出しました。人類全体が幸せを享受する道をひらくことなく、持てる者と持てない者との格差を生んでしまいました。そのうえ、地球の環境に大きな負荷をかけ、このままでは人類の未来の生存は危ういというレベルに達していることは、ここで改めて言うまでもないでしょう。また、新型コロナのような感染症が、あっという間にこれまでの常識を覆し、否応なく新しい社会の仕組みをつくらざるを得ないように私たちを追い込んでいます。

こうした状況において、とりあえず自分なりにやり始めてみようかなと動き始めた人がいます。一方で、動きたいと思っても「どうしたらよいかわからない」と、行動に踏み出せないでいる人たちもたくさんいます。こうした人たちが、ゆるやかに交わりながら創造的に暮らしていくためにはどうしたらよいのでしょうか？　その鍵が、「ジェネレーター」として生きるというあり方です。

ジェネレーター？　ジェネレートってどういうこと？

いろんな「？」が、みなさんの頭の中に浮かんでいることでしょう。そのことについては、おいおいこの本のなかでじっくり語ってゆくとして、最初に、この本はみなさんにジェネレーターを追体験してもらう本だ、ということだけお伝えしておきましょう。

本とのつきあい方もいろいろ考えられます。知らないことを知ること。わからないことをわかりやすく解説してもらうこと。ファンタジーの世界に没入すること。では、この本は……

ジェネレーターというアイデアを考え出し、ジェネレーターとして日々を生きている2人の著者が繰り広げる世界を傍で見て、感じて、時には入り込んでともに体験するように読んでもらえたら

……と思っています。

「ジェネレート」とは「生成する」ということです。「生成する」のは、「生きている」ということに他なりません。私たちは「生きている」限り、何かを「生成」し続けています。その「自然」なあり方に沿って、考え、行動することが、新たに何かをつくりだすための原動力になります。

それは、手法に合わせて考えを整理したり、あらかじめ目的を明確にしてそれに至る手段を逆

算して計画を立てて進んだりするようなものではありません。そういうことは、世の中に溢れていますし、私たちはもう十分得意でしょう。

そうではなく、「なんとなく変だなぁ」「気になる」「面白そう！」、そういう感覚で、モノ・コト・ヒトを追いかけて探索し続けていく――そんな生き方が「ジェネレーター」のあり方です。いま、私たちが改めて大切に育むべきなのは、そういうあり方だと思います。

目的・目標・ゴールを定めて、そこに向かう計画に従って進むのではなく、森の中をぶらぶらとあてもなく探索する感じ。ジェネレーターは森の中を散策するように、思考し、行動するのです。そのプロセスで出《で》「遇《ぁ》」ったちょっとしたことをとりあえず受けとめます。意味がありそうだとか、自分の関心につながりそうだとか判断せずに、気になった「雑」をなんでも集めるのです。ひとまず集めちゃう、そこからすべては始まります。

だからジェネレーターの話も、発想も、あちこち飛躍しますし、集まった情報はまさに「雑」多です。でも、乱雑で、カオスで、混沌と見えるものから面白いアイデア、意外な発想、これまでにない工夫が「生成」、つまり「ジェネレート」されることを「ジェネレーター」は体感しています。あちこち飛躍し、無関係なことと重ねあわせる流れに身を任せ、ああでもない、こうでもないと面白がるプロセスに遊ぶ。「雑」から「生成」（ジェネレート）が起きる醍醐味を知っているのが、「ジェネレーター」なのです。

「雑」が集まっても、ガラクタばかりで、収拾がつかない状況に陥るだけだろう、と多くの人は考えるでしょう。そうならないように、ダブりなく、整合性があるように、きちんと「整理」して考え、矛盾なく進めようと考えなければ、というのが、今世の中を支配している常識的な考えです。しかし、こうした「整理」が考えを固定してしまい、発見が自由に連鎖し続けるのを妨げ、予定調和の世界に留まってしまうことを経験しているのではないでしょうか。それでは、ちっとも「創造的」ではありませんよね。

「そうきたか！　それは面白いかも」

「それ聞いて、こう思ったんだけど」

と思いつきを連ねてゆくのは、かみ合わない発想のかけ算のように見えるかもしれません。しかし、こうしたいろいろなものの寄せ集めから、

「もしかしたら……」

という瞬間に自然にたどりつく。そうしたらすぐ試してみたり、つくってみたりする。その結果を受けとめて、では次にどうしようかとさらに進んでゆく。フィードバックして確認しながら

立ち止まるのではなく、ひたすらフィード・フォワードして変容してゆくのが「ジェネレーター」と言えるでしょう。

ジェネレーターは、「すごいこと」「たいそうなこと」ではなく、「ちょっとしたこと」「ふとしたこと」からスタートします。最初は解像度は粗く、漠然とした事象に過ぎません。しかし、それらが連鎖し、重なり、合わさると、意外なつながりがみつかります。

意識して発見しようと力《りき》むというより、私たちが身のまわりの世界から「発見」されるという感覚です。目の前に転がっている石が、本の中の一節が私にささやきかけてくる。実際に外を歩きまわって思わぬ「雑」を拾い集めることもあれば、本やらテレビやら映画やらを「雑」多に読んだり、見たりして、「雑」を拾い集めることもある。世界が差し出す偶然の出会いを見逃さない。ただそれだけなのです。

したがって「ジェネレーター」はいろいろな「雑」を集めて、記録しようとする「雑」のアーカイバーと呼べる存在です。さらに集まった「雑」を「仲間」と共有することを楽しむ「雑」のコラボレーターでもあります。雑を集め、雑談し、雑記し続けることを愚直に積み重ねるのです。こうして培われた知のネットワークが「ジェネレーター」の礎となり、偶発的に出「遇《あ》」う事象を見逃さない芽が育ち、こうしたら面白くなるのではという反応力を高めるのです。

何かを自分なりにつくりだして生きる創造的な暮らしでは、素人であり、初めて何かに挑戦する人たちどうしが小さな仲間となってプロジェクトに取り組んでいかなければなりません。この点においては大人も子どもも同じ立場。教師と生徒という固定的関係性もありません。お互い学びあい、教育しあうスーパーフラットな関係性。すべてはこの「あり方」の上に築かれます。

「ジェネレーター」を理解しようとしたら、ジェネレーターは何をしているのかというdoingの次元ではなく、どう「ある」かというbeing、それも、常に生成し何かになろうとしているbecomingの姿を捉えていく必要があります。

ジェネレーターが自分をジェネレートし続けることで相手がジェネレートされ、逆に、ジェネレートしている相手から自分がジェネレートされ、アイデア・作品がジェネレートしてしまう。ある個人がジェネレーターであることは、場にジェネレートされ、他者からジェネレートされ、やがて、すべてがジェネレーターのジェネレートの渦の中に巻き込まれるということ。ジェネレーターがお互いが見つけたこと、思いついたことをひたすら語りあいながら、見えないなりゆきを追いかけてゆく道はそういうものなのです。

ということで、この本は、ジェネレーターが生きている「森」であり、ジェネレーターが集めた「雑」の集積物と「知」のネットワークをあらわにするものです。読者のみなさんそれぞれで気になるところも、ひらめくことも違うでしょう。ぜひこの本という「森」で、それぞれに「雑」を集めて楽しんでください。

そうしているうちに、みなさんがジェネレートされるのを実感するでしょう。すると、その気持ちが相手に伝染し、わが子であろうが、生徒であろうが、パートナーであろうが、友人であろうが、これから企《たくら》もうと出会ったばかりの人であろうが、同じように「ジェネレーター」としてふるまい始めるでしょう。
ジェネレーターは、「散策」します。それは「何か」を探しているという意味では、「探索」と言うことができます。世界が差し出すものを見逃さない、真剣な眼差しと姿勢があります。しかし、あらかじめ決められた特定のものを探しているのではありません。落とした物を探すようなそういう探索ではないのです。そこに「何か」面白いもの・美しいもの・驚くべきものがあることを予感し、それを追い求めて歩きます。それは、これから出遇《であ》うものを感じることができるように、自分の感覚をひらき、感度を上げた散策です。だからこそ、何かを発見し、連想し、生成することができるのです。そういう意味での、可能性にひらかれた探索としての散策。これがジェネレーターの散策なのです。

それでは、いよいよ、森の散策を始めましょう。ようこそジェネレーターの森へ！

森の案内人
市川力・井庭崇
2022年初春

目次

Generator

第1部

ジェネレーターの誕生

Episode 01

生成 ― Becoming ― 創造的コラボレーションの担い手・ジェネレーター

井庭 崇

ジェネレーターは内側に入って、ともに活動する

ジェネレーターとはいったい何だろうか。あまり聞いたことのない言葉だなあ……

これが多くの人が最初に感じることだろう。この本では、これからの社会において鍵となる、新たな学び、そして生き方のスタイルである「ジェネレーター」について様々な角度から述べてゆく。

ジェネレーターという概念は、僕とこの本をともに書いた市川力さんで生み出したものだ。僕が以前から提唱してきた「創造社会」（クリエイティブ・ソサエティ）を生きる人のあり方が、長年、子どもたちとともに何かをつくりながら学ぶプロジェクトを実践してきた市川さんのスタイルと見事に合致した。それを深掘りしていったところ、たどり着いたのが「ジェネレーター」という

あり方だった。

「ジェネレーター」とは何かをわかりやすく言うと、一緒に参加して盛り上がりをつくる人だ。ファシリテーター的な役割としてみんなを巻き込んで盛り上げてゆくが、自分も参加者であるところが最大の特徴と言ってよいだろう。

図1-1：一緒に参加するジェネレーター

一般的にファシリテーターは「はい、みなさんやってみましょう！」「みんなで話し合ってください」と、そこに参加する人たちの活動やコミュニケーションを促す役割を担う一方で、その人はその活動には取り組まない。

これに対し、「ジェネレーター」は、自分も活動や話し合いに一参加者として加わる。ファシリテーターは、何かに取り組んでいる人たちの「外側」にいて支援したり伴走したりするのであるが、「ジェネレーター」は、一緒にその取り組みのプロセスの「内側」（中）に入り、ともに活動する（図1-1）。ジェネレーターは、一緒に参加する場に降りるので、ファシリテーターとは違う立ち位置になる。

「ジェネレーター」も、その取り組みに「面白い！」と感じて参加する。人間が生命体として持ちあわせている

「好奇心」が生成（ジェネレート）されることが出発点なのだ。自分がそもそも持っているものが働く。したがって、それは自分のなかで本当に感じた上での行動であり、「相手の言ったことに面白いと肯定的に反応を示す」というような意識的なコミュニケーション・スキルではない。本当に面白がってしまうというマインドセットから「ジェネレーター」というあり方が生まれてくる。

生成 becoming を促す・生きる

『存在から発展へ』や『混沌からの秩序』などの著作で有名な物理学者イリヤ・プリゴジンは、物事を確定的な存在ではなく、生成的な秩序形成として捉える視点の重要性を語った。また、数学者であり哲学者でもあるアルフレッド・ノース・ホワイトヘッドは『過程と実在』で、「生成」こそが世界の根本的な姿であると論じている。

　そもそも何かを「ジェネレート」（生成）してゆくということは、固定的な何かを見るのではなく、物事の生成・変化に向き合うことだ。そして、そのように生きることだ。自らも「生成のプロセス」に没入し一体化するので、ジェネレーターは「ジェネレーター」と呼ぶのが適している。

　従来の教育現場では、外側から知識を伝達するという発想が主流であった。それは「存在being」か「生成 becoming」かと言えば、「存在」を重視する考え方だ。もともと在《あ》った知識を、対象とする個人の脳内に「移転する」のが教育であり、「その場で生まれる」とは捉えない。しかし、「生成」という観点から人の学びを見れば、自分の中に内在する何かが動き始め、生まれ続けていくという考え方になる。部分と全体がともに変化し、システムが常に生成的であると考える。

僕は、何かが「生成」され、「becoming」してゆくことへの大いなる関心をずっと持ち続けて生きてきた。この本を一緒に書いている市川さんも、教育実践に関わる中で、答えがあるかないかより、答えをつくってゆくことへの関心が原動力だったという。立場の異なる2人が共通の関心を持ってそれぞれの道を歩んできた。それが偶発的な出《で》遇《あ》いによって、「ジェネレーター」という概念として結実したのである。

ジェネレーティブ・パーティシパントという言葉の誕生

2011年に僕と市川さんが書いた論文で、「ジェネレーティブ・パーティシパント」(Generative Participant：生成的な参加者)という言葉を初めて提唱した。[1] これは、市川さんが子どもたちとの探究プロジェクトでの実践で大切にしていることを掘り起こすインタビューをしたときに、僕自身の教育実践で大切にしていることと共鳴したものを、ひとつの重要なあり方としてまとめた。その大切なことを表す名前（パターン・ランゲージの専門用語では「パターン名」という）が、「ジェネレーティブ・パーティシパント」だった（図1-2）。

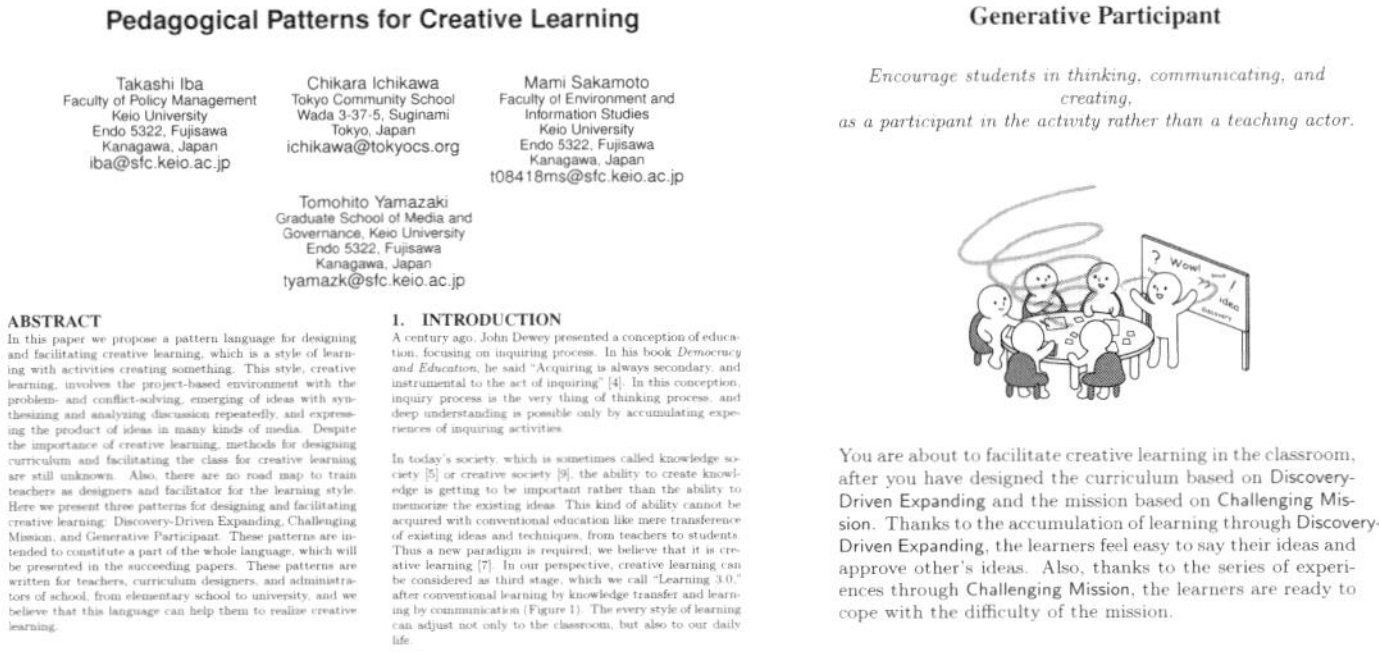
Pedagogical Patterns for Creative Learning

Takashi Iba
Faculty of Policy Management
Keio University
Endo 5322, Fujisawa
Kanagawa, Japan
iba@sfc.keio.ac.jp

Chikara Ichikawa
Tokyo Community School
Wada 3-37-5, Suginami
Tokyo, Japan
ichikawa@tokyocs.org

Mami Sakamoto
Faculty of Environment and
Information Studies
Keio University
Endo 5322, Fujisawa
Kanagawa, Japan
t08418ms@sfc.keio.ac.jp

Tomohito Yamazaki
Graduate School of Media and
Governance, Keio University
Endo 5322, Fujisawa
Kanagawa, Japan
tyamazk@sfc.keio.ac.jp

ABSTRACT
In this paper we propose a pattern language for designing and facilitating creative learning, which is a style of learning with activities creating something. This style, creative learning, involves the project-based environment with the problem- and conflict-solving, emerging of ideas with synthesizing and analyzing discussion repeatedly, and expressing the product of ideas in many kinds of media. Despite the importance of creative learning, methods for designing curriculum and facilitating the class for creative learning are still unknown. Also, there are no road map to train teachers as designers and facilitator for the learning style. Here we present three patterns for designing and facilitating creative learning: Discovery-Driven Expanding, Challenging Mission, and Generative Participant. These patterns are intended to constitute a part of the whole language, which will be presented in the succeeding papers. These patterns are written for teachers, curriculum designers, and administrators of school, from elementary school to university, and we believe that this language can help them to realize creative learning.

1. INTRODUCTION
A century ago, John Dewey presented a conception of education, focusing on inquiring process. In his book *Democracy and Education*, he said "Acquiring is always secondary, and instrumental to the act of inquiring" [4]. In this conception, inquiry process is the very thing of thinking process, and deep understanding is possible only by accumulating experiences of inquiring activities.

In today's society, which is sometimes called knowledge society [5] or creative society [9], the ability to create knowledge is getting to be important rather than the ability to memorize the existing ideas. This kind of ability cannot be acquired with conventional education like mere transference of existing ideas and techniques, from teachers to students. Thus a new paradigm is required; we believe that it is creative learning [7]. In our perspective, creative learning can be considered as third stage, which we call "Learning 3.0," after conventional learning by knowledge transfer and learning by communication (Figure 1). The every style of learning can adjust not only to the classroom, but also to our daily life.

Generative Participant

Encourage students in thinking, communicating, and creating,
as a participant in the activity rather than a teaching actor.

You are about to facilitate creative learning in the classroom, after you have designed the curriculum based on Discovery-Driven Expanding and the mission based on Challenging Mission. Thanks to the accumulation of learning through Discovery-Driven Expanding, the learners feel easy to say their ideas and approve other's ideas. Also, thanks to the series of experiences through Challenging Mission, the learners are ready to cope with the difficulty of the mission.

図1-2:「ジェネレーター」の概念を初めて提唱した論文（2011年発表）

この論文は、初めて2人が出会い意気投合した翌週に僕の研究室に来てもらって、朝から晩まで11時間ぶっ通しで、根掘り葉掘り、実践と考えを聴いたマイニング・ダイアローグがきっかけとなって書かれたものだ。このとき僕が衝撃的だったのは、市川さんが当時関わっていた東京コミュニティスクール（TCS）では、小学1年生から、6週間ごとに一プロジェクトをこなし、それを6年間積み重ねているという話だった。

僕は大学で大学生たちと研究プロジェクトを行なっているが（これも学部生と本格的な研究をしているので、十分珍しいのだが）、小学生たちとプロジェクトの経験をそうやって積み上げているというのだから、驚いたのだ。そのようなことはいかにして可能なのだろうか？ そのような好奇心から、大切なことを2人で掘り下げていき、本質を捉え、「ジェネレーター」（この時点では「ジェネレーティブ・パーティシパント」）という概念が生まれたのだ。

映像のマジックに魅了された中高時代

ジェネレーターについて考えるとき、いつも僕のイメージにあるのは、チームでのコラボレーション（協働活動）だ。僕は、1人では生み出せないものを複数人でともにつくるというコラボレーション、そういうスタイルにずっと興味をもっていて、今でもそういうコラボレーションのスタイルで日々つくることに取り組んでいる。

ここでは、「ジェネレーター」という概念に自分がどう到達したかの伏線を、僕の人生をさらに昔にさかのぼって語ってみたいと思う。

まず僕が十代だったとき、1980年代の話から始めよう。僕はずっと映画が好きだった。中学生の時、『スターウォーズ エピソード6』や『天空の城 ラピュタ』などを観て、将来は映画監督になりたいと思っていた。高校時代は1日に1、2本映画を観る生活で、大学半ばくらいまで本気で映画監督・映像作家になるつもりでいた。

僕が好きだったのは、芸術的な作品というよりは、多くの人が見るような身近で大衆的な作品だった。そのなかでも、日常に少しファンタジー的な何かが入り込んでくるような映画が好きだった。登場人物の生活・人生にちょっとした非日常が入り込んでくることで、人間や人間関係、人生の本質が炙り出され象徴的に表現される、そんな映画だ。

そんなわけで、スティーブン・スピルバーグや宮崎駿、ジョージ・ルーカス、ロバート・ゼメキスなんかがお気に入りだった。これは後で知ったことだが、藤子不二雄が「ＳＦ」のことを「少し不思議（Sukoshi Fushigi）」と言っていたそうだが、まさにそういうちょっとした不思議が舞い込んでくる、そんな物語に魅了されていた。

実写の映画の場合には、その「少し不思議」も映像として表現しなければならない。今みたいにＣＧ（コンピュータ・グラフィックス）でどんなイメージでも自由につくり出せるような時代ではなかったので、視覚のトリックを駆使しながら、その不思議な出来事を実現し、現実にはない世界をつくり出していた。魅力的な世界が、想像力によって創造されていたのである。

一体どうやってつくられているんだろう？　それがどのように実現されているのかを知りたくて、中学生のとき、お年玉をはたいて『ジョージ・ルーカスのＳＦＸ工房』[2]という本を買った。それを読んで、衝撃を受けた。とても印象的だったシーンが、ごくありふれた物を使って、かなりローテクで表現されていたのだ。「魔法」（マジック）のように見えるすごい映像が、タネも仕掛けもある「手品」（マジック）だったのである。

例えば、スターウォーズのライトセーバーは、自転車の反射板などでも使われているようなスコッチテープを棒に貼って、そこに強烈な光を当てることで、光を放っているように見せていた。そして、ライトセーバーをぶんぶん振り回して戦っているシーンは、登場人物たちのすぐ周囲だけが実空間のスタジオセットで、そこから上下左右の宇宙ステーション内の壁などは、すべて絵だった。マット・ペインティングと言って、透明なパネルの上にリアルな絵を描いて、その透明な板越しに、スタジオの人物などを重ねて撮影することで、まるで広大な宇宙ステーション内で戦っているように見える映像になったのだ。

そんなふうにして、リアルに見えるイメージ（映像）を生み出すために、多くの工夫がなされ、実際には存在しない「少し不思議」な世界・出来事が映像化されていたのである。僕はそのことにとても魅了された。もっと知りたいし、僕もそういう映像をつくってみたい。そして、映画の世界がつくられるコラボレーションにも興味が湧き、メイキング・ビデオをよく見るようになった。今はＤＶＤやブルーレイに特典映像としてついてくる素晴らしい時代になったが、当時は、それだけで一つの商品としてビデオが売り出されていたり、テレビの特番なんかでやっていたりしていたものだ。

そんなふうに、想像力による創造やコラボレーションに興味をもったのである。

プロデューサー兼ディレクターという役割

コラボレーションに興味があるというなかでも、こんなふうに映画制作のコラボレーションから入ったので、フラットで同じ立場の同質な人たちがともに活動するというよりも、それぞれの専門・役割を担いながら、それらが編み上がってひとつの世界へと結実するような、そういうコラボレーションに最初から興味があった。

しかも、そのなかでも、プロデューサー（製作総指揮）やディレクター（監督）に関心があった。

映画をつくるということには、役者、カメラマン、照明担当、脚本家など、さまざまな人が関わっている。そのなかで、プロデューサーやディレクターもまた、その映画づくりに参加している（特殊で重要な役割をもった）1人のメンバーである。「ともにつくる」というコラボレーションのなかで、その全体を見渡しながら、自分の役割も全うする、そんなディレクター（あるいは、プロデューサー兼ディレクター）のイメージが、僕のジェネレーターの感覚につながっている。

グループワークにのめり込んだ大学時代

大学時代は、授業でも、サークルでも、グループワークにのめり込んでいた。複数人で成果を生み出す活動に魅了されていたのだ。大学の前半は、グループのなかでは、ジェネレーターの立ち位置というよりは、もっと静かな一メンバーであることが多かった。海外経験が豊富な帰国生や、ユニークな経験を重ねてきた同級生たちの話や発想が面白すぎて、自分には何も言うべきことがないと感じる日々で、それゆえ、黙ってみんなの話を聴いて楽しんでいた。

それでも、唯一自分の得意の映像制作だけはこだわって取り組んでいた。グループワークの成果を映像でまとめるとか、発表のときのオープニングやエンディングを魅力的な映像で表現するということを、僕は担当した。透明なシートを画面に映すＯＨＰ（オーバー・ヘッド・プロジェクター）の時代で、パワー・ポイントはまだ存在しない、そんな時代だったが、映像を駆使したプレゼンを数多く行った。

そんなわけで、この時期に僕は、グループのなかで、全体としてはプロデューサーやディレクターの役割は果たさなかったが、映像のつくり込みという面では、プロデューサー兼ディレクターであった。このころの、グループワークの一メンバーとして参加した経験も、後に重要な感覚として、自分のなかに残っている。

徐々に変化が訪れるのは、大学の後半で、だんだん上級生になるとグループでリーダー的な存在をせざるを得なくなるし、研究でも興味があることが出てきて、それを提案すると、自分がリーダーをやることになった。こうして、徐々に、リーダー的な立場になることが増えるようになった。とはいえ、上司として部下を動かすような立場ではなく、自分も一緒に取り組むメンバーでもあるので、その立場は、今でいうと「ジェネレーター」の立場に近かったと言えるだろう。自分も本気で考え、本心で面白がり、ワクワクしながら、地道な作業をみんなとともにする。そのジェネレーター性は、学生時代のフラットだがリーダー的な存在という経験で培われたと思う。

プロデューサー兼ディレクターとしてチームで研究に取り組んだ大学院時代

大学院での研究でも同様だった。大学院での修士や博士の研究は、一般に1人で（孤独に）行われるようなイメージがあるだろう。でも、僕は、後輩たち（1人先輩もいた）と、10人くらいでワイワイとコラボレーションのスタイルで行った。もちろん、僕は誰よりもその研究にどっぷり浸かっているし、誰よりも研究に取り組んだ。学会発表では、僕が筆頭著者になり、みんなが共著者として名を連ねるが、博士論文になると、自分の研究として引き受け、まとめ直し、書き切らないといけない。それゆえ、誰よりも必死にその研究に取り組むわけである。

そんなわけで、僕は大学院時代も、自分自身研究に思い切り取り組む身でありながら、みんなをまとめ、エンカレッジし、成果を編み上げていく、ということをしていた。これはまさにジェネレーター的な立場だったと言える。

大学教員になって――「コラボレーション技法」という授業

僕の最初の教員としての勤務校は千葉商科大学だったが、２００４年には母校である慶應義塾大学ＳＦＣ（湘南藤沢キャンパス）に教員として戻ってきた。そのとき、自分の担当する授業を新しくつくってよいことになり、「コラボレーション技法」という科目をつくった。コラボレーションの実践・体験をしながら、コラボレーションのよりよいやり方について学ぶ授業だ（図１－３）。

この授業が面白いのは、「コラボレーション技法」という名前の授業であるにもかかわらず、初回の授業の冒頭で「この授業では、僕はコラボレーションの技法は教えません」と言うことから始まるところだ。これを聴いて学生たちはびっくりする。コラボレーションの技法を「教えて」もらえると思っていたからだ。

もちろん、驚かせておしまいではなく、その意味を伝える。「この授業では、コラボレーショ

図1-3:「コラボレーション技法」の授業風景

ンの実践・経験を通じて、自分なりのコラボレーション技法を編み出し、自らつかんでもらいます」と。コラボレーションの技法について知識伝達的に教わるのではなく、自らの実践・経験から学ぶことができるように、そのための場・機会を提供するのがこの授業の役目というわけだ。コラボレーションにおいて自分はどうすればよいのかを、自分の性格やスキルなども加味しながら、それぞれが自分で考えつかむ、それが最も効果的な学びだと考えた。

授業では、誰かが答えを知っているようなテーマではなく、それをどう理解するか自体から問われるような少し抽象的なテーマを設定するようにした。例えば、「魅力的な場をデザインする」とか、「火星に移住（テラフォーミング）が可能となった時代の社会のデザイン」、「新しいテーマパークを構想する」というようなものだ。

こういうテーマであれば、誰か1人が何かに詳しいからといって、その人に頼って、コラボレーション無しに成果を生み出すということはできない。みんなで「どういうことだろうか？」と考えることから始まって、本当にコラボレーションしてゆくしかない。この授業の最終回では、ホールのステージで5分間の時間が与えられ、寸劇や映像も交えたプレゼンテーションを行う。どのグループも、面白く魅力的な内容と発表を見せてくれた。これが、僕のＳＦＣでの大学教育の始まりだった。[3]

教員／学生という非対称性と個人研究という壁

その授業と並行して井庭研究室がスタートする。それまでの大学院時代、後輩たちと一緒に研究プロジェクトをやってきたので、同じようなものだと思っていたのだが、実際に始めてみると大きな違いを痛感した。

それは、教員／学生という非対称性があるということだった。大学院生のときには、同じ学生どうしという立場だったのに、教員になった途端に、教員／学生という非対称性が強く働く。僕がやりたいことにみんなを巻き込もうとすると、させる／させられるのような関係が生じてしまうのだ。

しかも、学生たちは「個人研究」に取り組んでいた。この「個人研究」という言い方がくせ者で、その学生の「個人研究」は個人の持ち物のようにその人のものなので、教員としての僕は、あくまでも助言やサポートしかできなくなる。一緒に取り組むことができなくなるのだ。

このように、二つの壁があって、それがこれまでのようなコラボレーションのスタイルと折り合わずに、ずいぶんと苦労した。多くの研究室で個人研究の指導が行われているのだから自分にもうまくできるはずだと思いながらも、なかなか馴染めなかった。学生に合わせすぎたり、こちらに寄せすぎたり、関わり方が非常に難しいと感じた。

もっとコラボレーションのスタイルでできればよいのにと思っていた。その方が一緒にワクワクできるし（もちろん苦労もともにしながら）、そのなかでの成長は大きいはずだと、これまでの経験でわかっていたからだ。そんななか、ある一つのプロジェクトが転機となった。

学生とコラボレーションして研究するスタイルの確立

僕の教員―学生の本気のコラボレーションによる研究が本格的に始まったのは、２００８年から２００９年にかけて行った「ラーニング・パターン」（創造的な学びのパターン・ランゲージ）の作成プロジェクトだ（当時は、「ラーニング・パターン」ではなく、「学習パターン」と呼んでいた）。

その何年も前から、僕はＳＦＣのカリキュラム改定（２００７年改定）に中心的に関わっていて、その当時の残された課題に、学生たちの学びのナビゲーションというものがあった。従来のカリキュラムでのガイド方法への不満も多かったので、新しい方法で行うことが求められていた。しかも、どうせやるなら、ＳＦＣらしいまったく新しい方法で取り組むべきではないか、僕はそう考え、ある一つの案をカリキュラム委員会で提案した。

それは、学び方について「パターン・ランゲージ」[4]という形式でとりまとめ、学生たちに示し共有するという案であった。いまの井庭研としてはお得意のアプローチという感じであるが、当時は、建築やソフトウェアの設計で用いられている方法にすぎず、会議で提案しても、「それは教育分野ではなく、建築分野の方法ではないのですか？」と、首を傾げられるばかり。僕も、原理上はできるはずだと見込んでいたし、多少近い研究をしていたけれども、実際に自分で本格的につくったことはなかったので、確かなことは言えなかった。

でも、やりたいという思いと情熱はあった。建築やソフトウェアの設計（デザイン）のように、学生たちが自分の学びを設計（デザイン）するのを支援するわけだから、設計（デザイン）を支援するパターン・ランゲージの方法がよく合うはずだ、特にＳＦＣのような多様な分野の多様な関心の学生たちを支援するには、抽象化してつくるパターン・ランゲージのような方法こそが適しているはずだ、と。

最終的には、「あんまりよくわからないけれども、井庭さんがそんなに言うのなら、やってみたらいいんじゃないですかね」ということになり、ＧＯとなった。そこで、学内にポスターを貼り、参加学生を募った。昔からそうやって募ってきたし、そうやって集まった学生たちとつくるのが、あり方として美しいと思ったのだ。しかし蓋《ふた》をあけてみると、１人もエントリーがなかった。教員も理解に困るようなものを学生に示しても誰も来るわけないか、と後になって気づいた。でも、もう会議も通り、やることにはなっていたので、どうしたものか、頭を抱えた。

図1-4:「ラーニング・パターン」の作成の活動風景

そこで、井庭研の学生たちに相談した。「こういう魅力的でチャレンジングなことをやりたいんだけど、一緒にやってくれないか」と。そうしたら、7人くらいが一緒にやってくれることになった。みんな個人研究をしているので、このプロジェクトは研究会での研究としてではなく、課外活動のようにして別の時間に集まって行った。水曜日の午後は、ラーニング・パターン（学習パターン）の作成の活動日だった（図1-4）。

このプロジェクトは、研究室のいつもの研究とは大きく違った。これは学生の誰かの個人研究ではなく、完全に僕がプロデューサーであり、ディレクターであり、しかも、パワフルに創造的に作業を進める一メンバーでもあった。ジェネレーターそのものである。

最初、SFCでの学びにおいて重要なことを、自分の経験をもとに掘り起こしていった。ブレイン・ストーミングのようにどんどん出していき、壁一面のホワイトボードに書き出していった（研究室の壁の一面にホワイトボードシールを貼っているので、かなり広い面が使える）。そこから、ひとつずつ付箋に書き写し、ＫＪ法[5]で似たもの同士を寄せていくと、なにやら共通点をもつ付箋のまとまりが見えてくる。そうやって、見えてきたものが、後に「パターン」（よい結果を生む型）として扱われることになる。

このようなプロセスは、今となっては、井庭研究室のパターン・ランゲージ作成プロセスの標準的な進め方となっているが、当時はまだそういうプロセスを定義しておらず見えていなかったので、その時々で必要だと思うことをやりながら、試行錯誤しながら、進めていった。

毎週毎週夜遅くまで、キャンパスからの最終バスが出る時間まで、みんなで必死につくり込んでいった。僕は全体の進行を見通し管理するプロデューサーの役割と、いろいろな作業の内容やクオリティをチェックして判断するディレクター的な役割を担いながら、自らも率先して細かい地道な作業も行った。もともとは僕が一人であってもやるべきプロジェクトだったのだ。それを仲間たちと一緒に取り組めているわけだから、その作業を担ってくれている学生たちには感謝の気持ちが大きい。

そんなこんなで、試行錯誤の末、「ラーニング・パターン」（学習パターン）は完成し、その後、学内で配布されたほか、学外でも話題となるような成果となった。[6]現在では、中学校から大学院までいろいろな学校で使われているし、ドイツ語にも翻訳され、オーストリアの教職大学で教材として使われたりしているくらいだ。[7]このプロジェクトは、そのようなラーニング・パターンという成果を生み出しただけでなく、井庭研究室のパターン・ランゲージ作成プロセスが生まれたという記念すべきプロジェクトでもあった。

さらに、ジェネレーターという文脈で言うならば、教員―学生の本気のコラボレーションという研究スタイルが、自分のなかで発見された時期でもあった。まだ「ジェネレーター」という言葉はなかったけれども、教員／学生の非対称性を乗り越え、僕がプロデューサー兼ディレクターであり一メンバーでもある、そんなスタイルがここから始まった。

これ以降、しばらくの間、このコラボレーション・スタイルと、個人研究の両方を併走させていたが、数年後には、「個人研究」は完全に止《や》めることにした。グループを学生たちだけで組むというのも、しなくなった。その代わり、全プロジェクトに僕も入り、コラボレーションによって遂行していくというスタイルでいくことにした。それ以降、井庭研究室では毎年7〜10の多様なテーマのプロジェクトが並行して走っており、僕はすべてのプロジェクトにジェネレーターとして関わるというスタイルを取っている。そうやっていくつもの成果を生み、そのうちのいくつかは書籍として出版されたりもしている。

テーマは、毎年、メンバーたち（僕は井庭研の学生たちのことを「メンバー」と呼んでいて「学生」とは呼ばない）と話し合いながら、自分もアイデアや意見を出しながら決めている。いまの世の中に必要だと思うこと、僕らが実現したい未来、研究としてやる意義があることなどを踏まえながら。

メンバーからすると、多様なテーマのプロジェクトのうち、自分が最も興味・関心があるプロジェクトに参加する。参加したいプロジェクトがない、なんてことはまずなく、いくつも入りたいプロジェクトがあるなかで一つに絞らないといけない、という悩みをもつのが実際のところだ。何しろ僕から見てもすべて面白そうで、意義のあるものしかないので、当然だと言える。

毎週水曜日の午後に集まって研究プロジェクトの活動を行うということが、ラーニング・パターン以降、定番となった。その時間、僕もどこかのプロジェクトに参加する。今週の前半はこのプロジェクトで、途中はあのプロジェクト、その後、別のプロジェクトというように、次々と参加していく。困っているから来てほしいというところがあればそこに行くし、特になければ、バランスを加味しながら、気が向いたところに行く。

僕は複数のプロジェクトを回っているので、僕がずっとべったりいるわけではないということは、良い効果をもたらしている。例えば、プロジェクトが10個併走していれば、単純計算で言っても10分の1の時間しか僕は参加できない。そうなると、10分の9の時間は、学生たちだけでじっくり考え話し合い、試行錯誤する「余地」がたっぷりあるということだ。この自由度が、みんながそれぞれに創造性を発揮するためには必要だと考えている。

僕が入るときには、僕も最大限貢献するつもりで、考え、話し、手を動かす。僕も悩むし、苦労しながら作業をともにする。世界で初めてのことに取り組む「研究」だから、僕も答えを知っているわけではないし、どうすればよいのかという方法をあらかじめ持っているわけでもない。あるのは、これまでに体験した別の類似プロジェクトでの経験や知見でしかない。僕はそれを惜しみなく出すが、それでも、「どうしたらよいのだろう?」「これでよいのかな?」という疑問は

図1-5:井庭研究室での研究プロジェクトの活動風景

尽きない。僕もみんなのなかで一緒に、うーん・うーんと悩んでいるというのが、井庭研究室でのよくある風景である（図1-5）。

ここが、いわゆる「指導」「アドバイス」と違うところだ。僕も（たまにしか来ないが）メンバーの一人なのだ。外から「こうした方がよい」と指導やアドバイスをするのではなく、一緒に取り組むのだ。これが学生グループの活動であれば、教員は学生たちがやるのを間接的に支援することが役割となる。

しかし、ジェネレーターである僕は、「ここは、こうしようよ」と具体的なアイデアも出すし、「そういうのを描きたいなら、貸して。僕もやってみる」と、僕もその作業に具体的に参加するのだ。それは学生たちだけの取り組みではなく、僕とメンバーのみんなとのプロジェクトなのだ。僕らは、未知なる冒険を、ともに歩んでいく仲間なのだ。

市川さんとの出会い――ジェネレーター概念の誕生

それから2年後、市川さんと出会い、ジェネレーターの概念が生まれた。2011年の始めのことだ。

SFCの同僚の今井むつみさんから「認知科学の理論をきちんとわかった上で、すごく面白い実践をしている人がいる」と紹介された。そのころSFCで、今井さんと市川さんが、湘南地域の学校の先生たちと集まって学びの研究会を開催していた。そこに僕も関わるようになって、市川さんと出会うことになったのだ。最初の日に、ちょっと話しただけで何か共鳴するものを感じ、意気投合し、数週間後には研究室に来てもらうことになった。

この出会いも、偶然のつながりからの出「遇」《で　あ》いだった。もともとのきっかけは、安西祐一郎さんが慶應義塾の塾長を退任し、定年になったときに、当時SFCの学部長だった村井純さんから、安西さんをSFCに呼んで一緒に認知科学を踏まえた学びのラボを立ち上げたいという話になり、それを今井さんと僕とで進めてくれないかという話になったからだった。今井さんも僕もラボを立ち上げるというのは大変そうだと、途方に暮れながら立ち話をしていた。実はそのときまで、今井さんとちゃんと話をしたことがなかったのだが、学びの話でつながり、そこから市川さんとつながることになったのだ。

東京コミュニティスクールで、小学生たちと6週間で一プロジェクトまわしているという市川

図1-6:学びの場づくりにおける大切なことのマイニング風景

さんに、何を考えどんな工夫をしているのかを、研究させてもらうことにした。まだ出会って数週間後、2回目に会ったときのことだ。当時、井庭研では、「ラーニング・パターン」のあと、「プレゼンテーション・パターン」（創造的な学びのパターン・ランゲージ）[8]をつくり始めようとしていた時期で、いろいろな分野の実践の型をパターン・ランゲージで言語化していこうとしていた。市川さんに話を聞くことで、創造的な学びの教育のパターン・ランゲージがつくれるのではないか、と思ったのだ。市川さんも、ラーニング・パターンを気に入ってくれていたので、一緒に研究しようということになった。

そんなわけで、市川さんに僕の研究室に来てもらって、市川さんの実践を根ほり葉ほり聞いていった。ラーニング・パターンのときと同じように、壁一面のホワイトボードに語ったことをどんどん書いていく（図1-6）。これは、厳密には書き方は異なるが、市川さんのやっている「メタメタマップ」と重なるものがある。

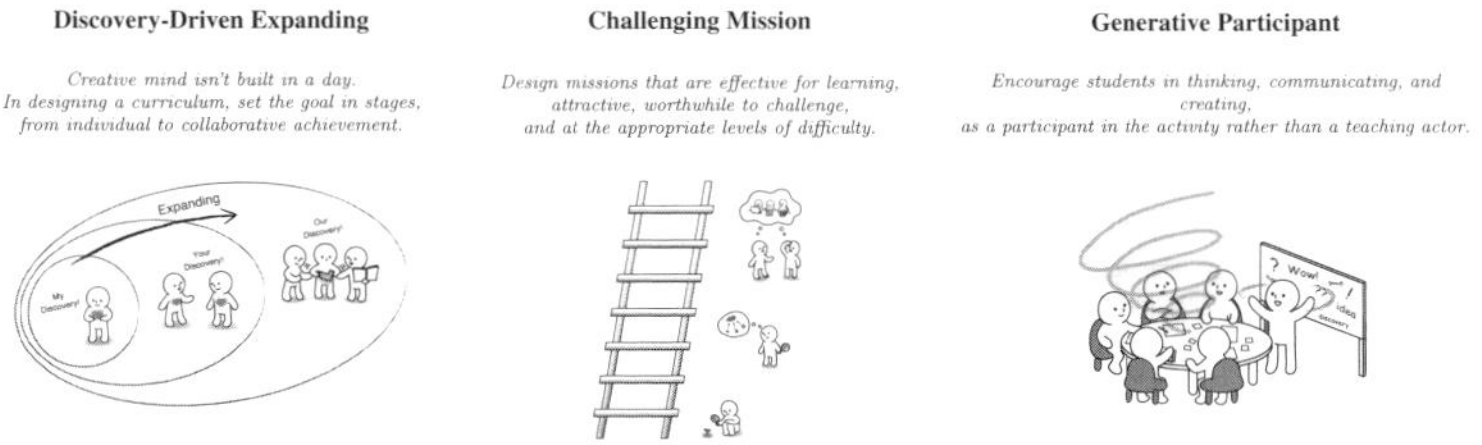
Discovery-Driven Expanding
Creative mind isn't built in a day.
In designing a curriculum, set the goal in stages,
from individual to collaborative achievement.
Expanding
Challenging Mission
Design missions that are effective for learning,
attractive, worthwhile to challenge,
and at the appropriate levels of difficulty.
Generative Participant
Encourage students in thinking, communicating, and
creating,
as a participant in the activity rather than a teaching actor.

図1-7：創造的な学びのデザインにおける大切なこと（2011年の論文より）

そして、単に市川さんの実践や考えを聞くというだけでなく、僕も自分の教育の経験や考えを重ね、語っていった。あまりにも共鳴しすぎて、あっという間に11時間が経過した。ホワイトボードは壁一面では足りなくなったくらいだ。小学生にも大学生にも成り立つ、創造的な学びの教育に大切なことがここに詰まっている。そう感じた。

このときの語り合いの内容は、その後、僕と市川さんと、井庭研のメンバー（学生）、そして今井研の学生とともに、英語で論文を書き、パターン・ランゲージの国際学術会議で発表した（開催地は米国オレゴン州ポートランド）。題名は、「ペダゴジカル・パターン・フォー・クリエイティブ・ラーニング」（創造的な学びのための教授法パターン）[9]。

この論文では、最も重要だと感じた三つのパターンを提案した（図1-7）。「ディスカバリー・ドリブン・エクスパンディング」（発見の広がり）、「チャレンジング・ミッション」（挑戦的なミッション）、「ジェネレイティブ・パーティシパント」（生成的な参加者）の三つである。これはどれも示唆的なので、少しだけ紹介しておきたい。

一つ目の「ディスカバリー・ドリブン・エクスパンディング」（発見の広がり）は、どうしたら一人ひとりの子どもたちがコラボレーションに本当に参加ができるようになるのかの工夫を紹介したものである。最初は「マイ・ディスカバリー」（自分の発見）を愛《め》でるところからスタートする。例えば、河原で自分が好きな石を見つけてくる、そんなごく簡単な自分の発見を味わうところから始めるのだ。

そこから、「ユア・ディスカバリー」（相手の発見）を認め合う段階に行く。それぞれが見つけてきたものを見せ合い、「僕はこれがよいと思ったけど、君はそれがよいと思ったんだね」と、違いに気づいたり、共通点を感じたりする。自分の発見だけでなく相手の発見をも認め、味わうことができるようになるのがこの段階である。そして、そのあとに「アワー・ディスカバリー」（自分たちの発見）へと至る。いろいろ話していくなかで、みんなで気づくことが出てくる。これはもはや誰かの1人の発見ではなく、自分たちで発見したものになる。

こういう段階を経ずに、いきなりコラボレーションをやろうとするとうまくいかないのだ、という市川さんの話は、とても印象的だった。僕自身は、そういうことを意識的に考えたことがなかったが、言われてみればたしかに、コラボレーション技法などの授業でも、そういう段階を経ていたと気づく。

その授業では、最初に、ランダムに組まれたグループのメンバーに自己紹介をするために、自分の特徴を象徴的に表すようなユニークな名刺をつくってくるというところから始めていた。色紙を自分の出身の県のかたちに切った名刺、透明でかっこいい名刺、苗字に「梅」がつくからと梅ジャムのパックに名前を書いた名刺などなど、それぞれの人らしい名刺が教室に持ち込まれた。そして、それをグループのメンバーどうしが渡して、それぞれの名刺についてワイワイと話す。そういうことを経て打ち解けたメンバーで、グループワークに取り組んでいく。この「ディスカバリー・ドリブン・エクスパンディング」(発見の広がり)が言語化され、つかみやすくなったことで、僕自身のその後の教育実践にかなり影響があったし、説明もしやすくなった。

二つ目の「チャレンジング・ミッション」(挑戦的なミッション)は、みんなで取り組むのは、魅力的だけれども、一見どうやってよいのかわからないくらいのチャレンジングなものを設定するというものだ。一般的に探究プロジェクトは、一人ひとりの内発的なものでなければ意味がないと思われやすいが、市川さんも僕も、そうではないと考えている。自分で思いつけることのちょっと先のチャレンジングなレベルの方がよいのだ。

そのためには、こちらがうまく設定したってよいのだし、むしろそうした方がよいというのが、市川さんの考えだった。僕も、井庭研究室のプロジェクトは、メンバー(学生)の内発であるというよりも、みんなの声や思い、アイデアを踏まえながら、僕が設定しているという方が実情に合っている。魅力的で、ちょっと冒険的なミッションになるように設定するのだ。これも、クリエイティブ・ラーニングの教育における大切なことだ。

三つ目の「ジェネレイティブ・パーティシパント」(生成的な参加者)、これが、後に「ジェネ

図1-8：小学生たちとともに活動する市川さん

レーター」と呼ばれるようになるものである。このときの名前は、参加者の一人であるということを強調した言い方であり、いまでも、この言い方を添えるときもあるくらいだ。クリエイティブ・ラーニングにおける教師は、ティーチャーでもファシリテーターでもなく、「ジェネレイティブ・パーティシパント」（生成的な参加者）として、学び手の活動に一緒に参加する存在なのだ、ということを明示的に論じた。論文では、子どもたちのなかにどっぷり参加し、手を動かしている市川さんの写真を取り上げた（図1-8）。

この市川さんのやっている実践の話を聞いたとき、まさに、ラーニング・パターンの作成プロジェクトの僕と同じだ！と、うれしくなった。僕は相手が二十歳前後の大学生だからできるのだと感じていたのだが、市川さんは、小学生たちに交じって、本当に一緒に取り組んでいる。その姿が衝撃的だった。そんなことが可能なのか！と。

心から子どもたちの発見を面白がり、一緒にチャレンジングなミッションに取り組む。そんな姿を目の当たりにし、また、自分

図1-9:「ジェネレーター」という言葉が生まれた授業対談

の大学生とのコラボレーションの経験を思い出しながら、これは、すべての年齢の教育に重要に違いない。いまから10年前に、そうやって、ジェネレーターの考え方＝「ジェネレイティブ・パーティシパント」（生成的な参加者）が生まれたのだ。

このときはまだ「ジェネレイティブ・パーティシパント（生成的な参加者）」という呼び方だったものが、「ジェネレーター」と短くなったのは、論文発表の2年後のことだ。SFCの「パターン・ランゲージ」授業に、市川さんをゲストとして招いたときのことだった。授業開始前に配布したレジュメには、「自らつくるプロセスに入りこみ、創造する流れを起こし、生成することに注意を払い、学び手だけでは到達できない高みまでともに登ってゆく役割を果たす、ティーチャーでもファシリテーターでもない、ともに企み、ともに作りこむのがジェネレイティブ・パーティシパント」と書いていた（図1-9）。

しかし、対談の最後に、ふと僕が、「ジェネレイティブ・パーティシパント」というのは長くて呼びにくいので短く「ジェネレーター」という呼び名に変えたらどうかと提案すると、実は市川さんもスクールのスタッフの間で「ジェネレーター」がいいんじゃないかという議論が出ていたと語り、「それでは、ジェネレーターと呼ぶことにしましょう」と、その時点で決まったのだ。このように、よい発想というものは同時発生的に生まれるときがある。だから、コラボレーションにおいては、誰が思いついたとか考え出したとかは、重要ではないのである。文脈が、その流れが、そのような発想を誘うのである。

この授業の直後から、僕も市川さんもメールやフェイスブック投稿で、「ジェネレーター」という言葉を使うようになった。その後しばらくの間、授業や講演のスライドで、わかりやすいので「ジェネレイティブ・パーティシパント」を併記することがあったが、今では「ジェネレーター」という言葉が広がり、受け入れられつつあるので、「ジェネレーター」のみの表記にしている。

ティーチャー、ファシリテーター、そしてジェネレーターへ

この論文に、時代の変化と、教師の役割の重点の変化についてまとめた図がある（図1-10）。いまでもよく取り上げるこの変化は、ジェネレーターの考えの最初の提案の段階から提示してきたものだ。

僕はここ100年とこれからの社会の変化を、3つのCで象徴される変化として捉えている。Consumption（コンサンプション：消費）を中心とした「消費社会」、Communication（コミュニケーショ

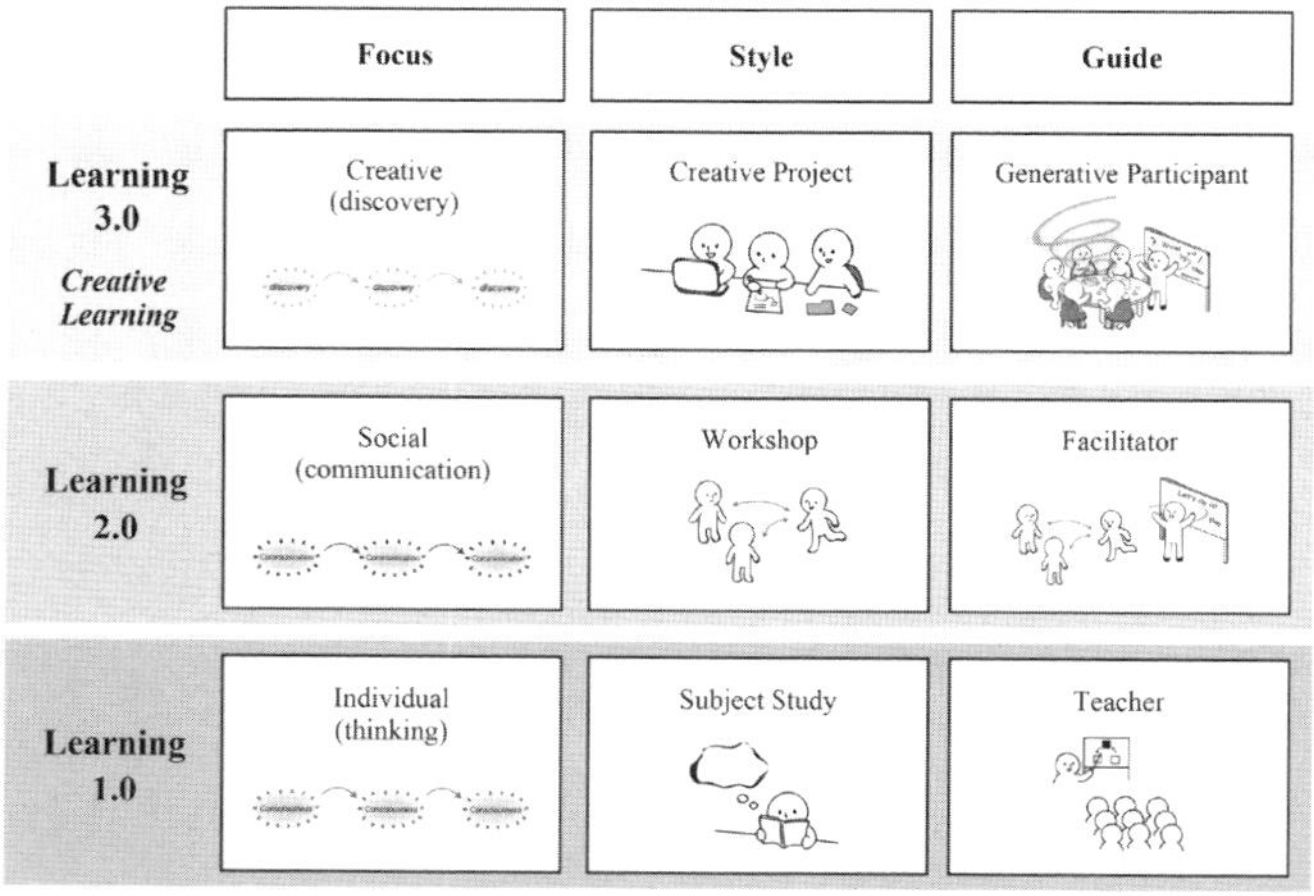

図1-10：時代の変化による教育の重点の変化と教師の役割（2011年の論文より）

ン）を中心とした「情報社会」、そして、いま始まっているのがCreation（クリエイション：創造）を中心とした「創造社会」（クリエイティブ・ソサエティ）だ。消費社会では、どれだけ商品やサービスを享受しているかということが、生活・人生の豊かさを表していた。情報社会では、どれだけよい関係やコミュニケーションをしているかが生活・人生の豊かさとなった。そして、創造社会では、どれだけ生み出しているか、どれだけ創造的でいるかということが、生活・人生の豊かさを表すようになる。

ジェネレーターは、まさに、この創造社会において重要な役割を担う。社会の変化に連動して、学びのかたち、教育のかたちが変わるため、教師の役割の重点も変わっていく。創造的な時代における学び・教育には、ジェネレーターが欠かせないのである。

消費社会では、教科書や講義で知識を吸収し、用意されたトレーニング・プログラムに参加するというように、「教わることによって学ぶ」ということが中心であった。これは、いわば「消費」型の学びと言える。その時代における教師像は、着実に教えること、ティーチングが重要であった。ティーチャー型の教師像、もしくはインストラクター型の教師像である。「ティーチャー」や「インストラクター」は、知識スキルを教える・教わるという非対称の関係のなかで伝達が中心となる消費社会における学びに必要な存在だった。

情報社会の時代になると、これに新しい役割が加わってくる。「コミュニケーションによる学び」が加わったからである。そこでは、他の意見をもつクラスメイトと議論や話し合いをしたり、異文化に出会い交流することで学んだりするということが行われる。ここで重要となるのが、コミュニケーションを促すことやコミュニケーションの交通整理である。「○○について、どう思うか、グループで話し合ってみよう」とか、「なるほど、□□という意見がありました。他の意見の人はいますか?」と言ったりするようになる。教師は、ファシリテーターとしての役割を担うようになった。

いますでに始まっている創造社会の時代になると、さらに「つくることによる学び」や「創造的な学び」（クリエイティブ・ラーニング）が行われるようになる。そこでは、もはやティーチャーやファシリテーターの役割だけでは立ちゆかなくなる。「つくる」ことと「創造的に実践する」ことに、学び手たちは取り組むからである。「つくることによる学び」や「創造的な学び」（クリエイティブ・ラーニング）に対して、教師は、一緒につくることに参加するジェネレーターとなることが重要となる。創造社会の学び・教育に、ジェネレーター型の教師は不可欠なのである（図1-11）。

「つくることによる学び」の時代に、ファシリテーターであるだけでは足りない。コミュニケーションを促すだけでは足りないからだ。もし、支援者がコミュニケーションをファシリテートするだけであれば、「つくる」ことに取り組んでいる人は思うだろう。「言っているだけで、自分はやらないんだよな」、「自分事じゃないから、そんなこと言えるんだよね」と。

つくることによる学びの時代においては、学びの支援者は、ともにつくることに取り組む。もはや、他人事ではなく、自分事として、本気で参加する。その参加のなかに、つくることへの貢献があり、交流があり、学び合いが生じるのだ。創造社会におけ

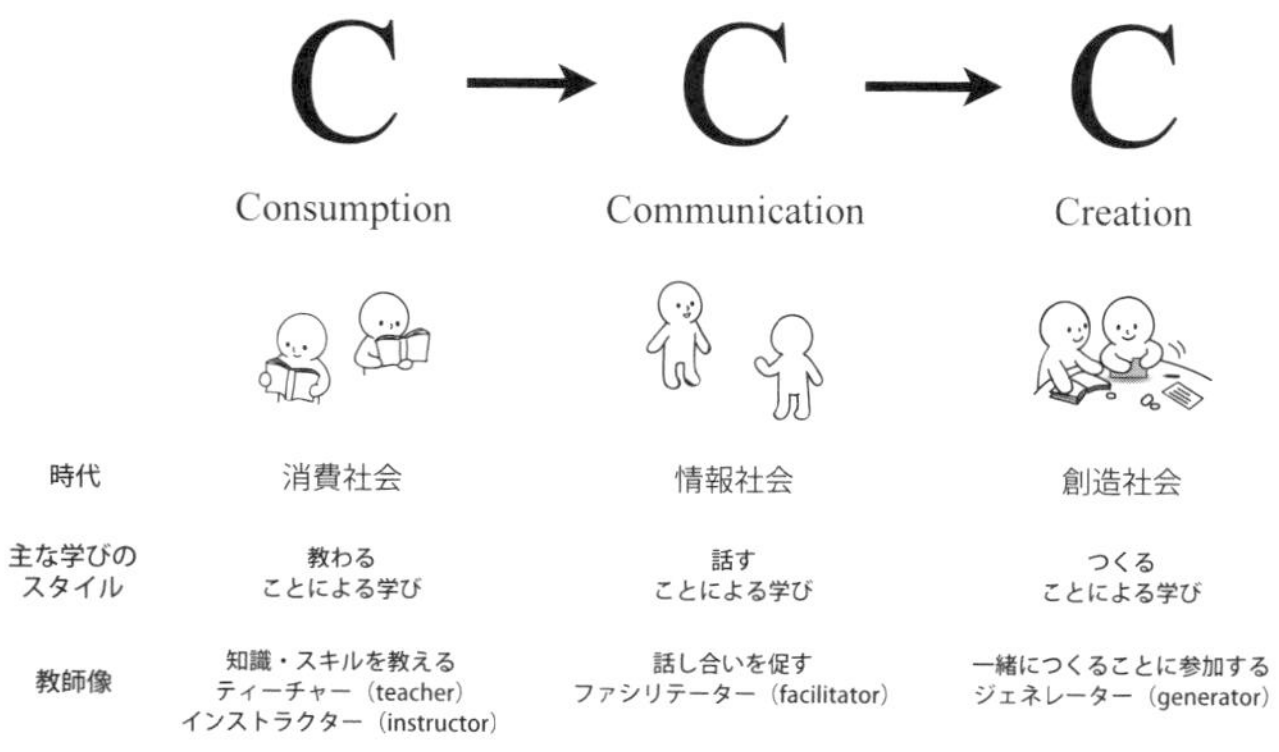

	時代	消費社会	情報社会	創造社会
		C	**C**	**C**
		Consumption	Communication	Creation
主な学びのスタイル		教わる ことによる学び	話す ことによる学び	つくる ことによる学び
教師像		知識・スキルを教える ティーチャー（teacher） インストラクター（instructor）	話し合いを促す ファシリテーター（facilitator）	一緒につくることに参加する ジェネレーター（generator）

図1-11：３つのＣによる社会の変化と、学びの支援者の役割の変化

る「つくることによる学び」を支援するジェネレーターは、ともにつくり、学び合う。これこそが、これからの時代の学びの支援者（教師、親、関係する大人）の役割である。

このことは、２０１１年の論文のときから、ずっと僕たちの実感であり、考えの中心である。このことについては、のちほど、本書のエピソード３でさらに詳しく述べる。

図1-12：ジェネレイティブ・パーティシパント（ジェネレーター）と生成のスパイラル（2011年の論文より）

創造のスパイラルを生成する

もう一つ、この論文以来ずっと用いているイメージがある。それは、「ジェネレイティブ・パーティシパント」のパターン・イラストとして掲載した、ジェネレーターの立ち位置とそこでの様子を表したイラストである（図1－12）。

このイラストでは、みんなで作業しながら、そこから創発された生成のスパイラル（渦）を感じている。ジェネレーターも他の参加者も対等にこの生成のスパイラルに向き合っている。このスパイラルを、ジェネレーターは自分でコントロールしようとは考えていない。一緒にそれが育ち、展開していくのを、他の参加者とともに促していくだけである。もちろん、ジェネレーターなりの重要なポイントはある。この生成のスパイラルを敏感に感じ取り、それを「素晴らしい！」「面白い！」と愛《め》でる。その、予定調和ではない、先行きのわからない創造的冒険を、人一倍面白がり、さらにそれが勢いを増すように、動いていく。ジェネレーターは「自分が」という意識は薄く、「みんなで」という意識で動く。

この生成のスパイラルはどのように起きるのか。まず、ある参加者が「思いつき」の発言をする。ジェネレーターは、場に出された発言に対し、（勝手に）何か違う意味を見出し、それを場に出す。これは、僕や市川さんがよくやっているふるまいだ。ここでは、コミュニケーションの連鎖だけでなく、発見の連鎖が起きている。

ふつうなら、教師は学び手が言ったことをそのままストレートに受け取り、それについて（余計な意味を加えずに）反応するということがよいとされるだろう。それゆえ、コミュニケーションとして、しっかり「受け取る」こと、それに「応答する」ことが大切だというわけだ。しかし、それでは、コミュニケーションは継続するが、新しい創造的な何かが立ち現れてくることはない。

ジェネレーターの場合は、コミュニケーションをつなぐだけでなく、そこに新たな意味を付加して場に返す。そうすると、もとの発言の意図からはズレてしまう。ズレてしまう、というとネガティブに聞こえるが、そのズレこそが創造的であるということだ。コミュニケーションにおける多義性を限界・制約として捉えるのではなく、それをむしろ、新しいものが生まれる創造の余地として活かすのである。しかも、そのズラしは、混乱をもたらそうと思って行われるのではない。そうではなく、誠心誠意、自分の心の動きに正直に面白がって、意味を付加して、返すのである。

市川さんがフィールドに出て、子どもたちが何か発言したときに、大人から見たらしょうもない内容だったとしても、「え？　こういうこと？」と面白がって、新しい意味を見出して返す。するとその子は、生き生きしてくる。その子のなかで、何か新しい考えや発見が生まれたからだ。さらに、その場にいたまわりの人たちも、その創造的な流れにワクワク、生き生きしてくるのだ。

僕の場合も同様だ。井庭研究室での研究ミーティングなどの一シーンを、そこだけ切り取って見た人は、「おや？」と首を傾げるかもしれない。「先生が学生の言うことをストレートに聴いていないじゃないか」と。そう、メンバー(学生)が言ったことをただ受け止め、評価したり、一歩引いた場所から助言を与えたりするようなコミュニケーションではないことがそこで起きているのだ。メンバーが言ったことに上乗せして、新たな意味を与え、その発言の意味を増幅させたり、別のものとつなげたりする。僕がジェネレーターとして場に関わるというのは、そういうことなのだ。

このように、相手の発言にジェネレーターが新たな意味を付与して、創造的にズラしていく。

それゆえ、コミュニケーションが単なる伝達として終わらずに、創造的な展開となり、生成のスパイラルを生むことになるのである。

ジェネレーターと生成のスパイラルの図は、基本的な構図は、論文のとき（図1-12）から変わっていないのだが、実は、2019年に出した『クリエイティブ・ラーニング』（井庭崇 編著、慶應義塾大学出版会、2019）[10]の本からは、少し手直しをして、次のような図にした（図1-13）。わかるだろうか。

図1-13：ジェネレーターと生成のスパイラル（2019年出版の『クリエイティブ・ラーニング』より）

ジェネレーターの位置が、ホワイトボードの前からみんなとのテーブルの場に移動したのだ。もとの図が間違っていたわけではないが（僕らもよくホワイトボードにたくさん書きながらジェネレーターをするので）、中に座っている方がジェネレーターの立ち位置がより適切に表されると考えたので、このように手直しをした。まさに、僕が研究室で、メンバーと一緒に悩んでいたり、一緒に盛り上がっていたりするシーンのように。

ジェネレーターが新たな意味を付与するというところだけを見ると、ジェネレーターが創造的なのであって、もとの参加者は創造的になっていないのではないかと、思うかもしれない。話はそこで終わりではない。ジェネレーターが面白がって新たな意味を付与して場に返した発言を受け、今度は、もとの参加者も、自分の言ったことに新たな意味を感じることで、さらなる発想や考えが誘発される。自分が当初思っていたことから動き出すのだ。

このことは、意味が浮遊し、自由になることで、新しい扉がひらくということだ。そして、これは、日常のコミュニケーションで固着しがちな「発言の意図」や「正しい意味」というものから解放され、もっと自由に移動できるようになるという体験でもある。

もちろん、刺激されるのは発言した参加者だけではない。その場にいる他の参加者も、ジェネレーターとは別の意味を見出し付与するかもしれないし、ジェネレーターが言ったことに刺激を受けて、さらなるアイデアが生まれてくるかもしれない。そうやって、最初のジェネレーターのズラし(新たな意味を付加する)は、多方面のパスで、次の思考とコミュニケーションと発見を誘発していく。

そういう場は、ワクワクする場になり、そこに参加するみんなが生き生きしてくる。そして、ジェネレーターがやっているようなジェネレーターのズラし(新たな意味を付加する)をみんながやるようになってくる。お互いにお互いを刺激しあい、思考とコミュニケーションと発見の刺激を与え合って、どんどん盛り上がり、どんどんエスカレートしていく。そうやって、生成のスパイラルが生まれる。

それは、一人ひとりが持っている創造性を発揮するという、ごく人間的な自然なことなのだ。

日常の社会生活のなかで、そういうことが封印されているだけだ。よく、現場で、ジェネレーターが「子どものように面白がる」ということが言われるが、それは「子ども」になっているのではなく、「子ども」だと素で出やすい人間の本来の姿なのだろう。誰かが言ったことを聴いて、何かを「思いついちゃう」。それを素直に出す。それだけのことなのだ。

「相手が言ったことそのものではないから、思いついちゃったことは忘れて、相手の言ったことに集中しよう」というホールドをせず、「思いついちゃったこと」をちゃんと場に出す。それこそが、創造的な場、生成のスパイラルを生み出していくために最も重要なことなのである。

だから、ジェネレーターになるというのは、何かテクニックを身につけるとか、スキルを獲得するという加算的なものではなく、日常的な社会生活で身についてしまった制約的な限定を外し、「自分に素直であれ」とか「（本来、創造的に発想をしてしまうものである）人間的であれ」ということなのだ。

従来の教育の場では、教師は「教える人」で、生徒・学生たちの活動を一歩引いて見守り、待ち、必要に応じてアドバイスをするということに自らの役割を限定してきた。途中に介入するのはよくないというふうに、線を引いて立場を分けて、「参加」しないようにするという意味で、「冷めた態度」だったと言えるだろう。親子の教育の場合にも、そういう傾向が見られる。子どもが自分でやるのを見守り、自分はその活動に手を出さないようにする。これに対して、ジェネレーターはそれとは異なる態度を取る。思いきり活動の場に入りこみ、没入して、一緒につくろうとする。だから、一緒に、一体となってスパイラルを生み出し、それを「ともに味わう」ことができる。

　このような、ジェネレーターとして場に没入し、ともにつくろうとするマインドセットやあり方を、「ジェネレーターシップ」(generatorship)と呼ぶことにしよう。「リーダーシップ」という言葉が現在広く使われているように、「ジェネレーターシップ」という言葉は、これからの時代において重要な言葉になるだろう。

「これは言わないほうがいいだろう」とか、「相手が自分で気づいた方がいい」などと考えて、ホールドしたりしない。自分も一緒にやっているのだから、出し惜しみせず、自分の持ち込めるものはすべて入れ込んで、そこからさらに先に一緒に行く、という感じで、場に没入するあり方が、ジェネレーターシップである。

　ジェネレーターは、コミュニケーションの連鎖を促すだけでなく、発見の連鎖も促す。そして、その発見の連鎖というのは、「リフレーム」(捉え直し)の連鎖でもある。新たに仮説を創造するために多面的に捉え直すことが、ジェネレーターのスパイラルのなかで起きている学びの意味だと言えそうだ。リフレームについては、エピソード3とエピソード7でも改めて触れる。また、ジェネレーターのスパイラルのなかでの参加者と発見の連鎖の関係は、「中動態《ちゅうどうたい》」として表されるべき事態であり、そのあたりについてはエピソード5で詳しく説明したいと思う。

意味を増幅・共鳴させる場をつくるジェネレーターシップ

ジェネレーターの存在によって創造のスパイラルが巻き起こると、確かに参加者の感度は高まって盛り上がり、熱量が他の参加者にも伝播するようになる。これは「ゾーン」に入ったとか「フロー」に入ったという言い方で言われる状態である。[11] 全員がそのスパイラルの担い手になっていると感じる瞬間が生まれる。「フロー」理論の提唱者のミハイ・チクセントミハイに師事したキース・ソーヤーは、このようなグループに生まれるフローを、「グループ・フロー」と呼んでいる。[12]

このとき、みんながジェネレーターシップを持って動いているかというと、そうではない。ジェネレーターシップを発揮しているジェネレーターと、そのジェネレートによってスパイラルに参加している人は違う。

では、ジェネレーターシップを発揮するジェネレーターは、どんなふるまいをしているのか。この本ではそれを明らかにしてゆくわけだが、ひとつだけ最初に指摘しておきたい大事なポイントがある。それは誰かの発見に「共鳴」して乗っかり、多方面に発見を広げているということだ。

ジェネレーターシップを発揮するジェネレーターは、参加者と同じ立場で、自分もアイデアを生み出す仲間の1人として、面白い「意味」を考えて、場に投げ込む。このときに、自分が最初にアイデアを投入するケースと、誰かの思いつきに乗っかるケースがある。いずれの場合にせよ、誰かが発したちょっとした思いつきを察知して拾い、新たな意味でとらえ直そうとする。つまり、投げ込む意味が、参加者のアイデアに触発され共鳴して生まれているのだ。

もともと確固たる考えを持ちあわせていて、それを投入するわけではない。そのとき、アイデアは唯一の正解として強い方向性を持って示されるわけではなく、「いやぁ、なんか、こんなこと思いついたんだけど、どうかな？」「こういうことかな？」「こんなのどうだろう？」と共鳴して乗っかっていったことの結果だと明らかにされる。そうすると、これがきっかけとなって思いつきをどんどん投入しようという場の雰囲気が醸し出される。こうした場の雰囲気によって、次第に参加者はジェネレートされ、それぞれが思いつきを語り始め、発見が多方面に広がってゆく。

ジェネレーターシップを持った人が複数存在すると、共鳴はさらに強くなる。市川さんと僕が研究室で11時間も没入して語り合えたのは共鳴によってどんどん発見が誘発されて止まらなくなったからだ。もし2人でわぁーっと盛り上がっている周囲に誰かがいたとしたら、その人たちにも伝染し、相互のかけあいが生まれ、みんながスパイラルに巻き込まれて面白くなったに違いない。ジェネレーターシップを持った人が1人だとその人が盛り立て役のような感じになってしまうが、2人以上いると、かけあいが生まれ、もっと視点が広がり、多面的になるという相乗効果が生まれるから面白い。

ジェネレートされている状態というのは、ジェネレーターが投げかけたことにみんなで盛り上がっていき、とてもクリエイティブな状態である。ジェネレートされた人は何が起きたか意識化できないのに変化している自分に気づき、知らない間に自分がジェネレートされてしまったと語り出したりする。

ただ、そうした人が意識的にジェネレーターシップを発揮する人に変貌したわけではないので、僕たちの課題は、いかにジェネレーターシップを発揮できる人を増やせるかというところにある。

相互ジェネレートによるエネ返し

ジェネレーターシップを発揮するジェネレーターが元気にふるまい続けられるのは、参加している相手からエネルギーをもらうことができるからだ。ジェネレーターは、相手に駆り立てられてさらに盛り上がり、再び相手を駆り立ててゆくという増幅的な循環性の中にある。僕も、話を面白がって乗ってきてくれる学生と話していると、どんどん盛り上がって元気になってくる。だから自分のエネルギーを放出する以上に、場からエネルギーをチャージできる、とてもサステナブルでポジティブなフィードバックのエネルギー循環のなかで、ジェネレーターは活動しているのである。

ジェネレーターは間違いなくエネルギーをつくり出して相手に与えているが、ジェネレーターからのエネルギーを受けて相手が発光すると、今度はジェネレーターがエネルギーを受けるという「エネルギー返し」（エネ返し）が起こる。相手の発光を自分の太陽光パネルで受け止めてエネルギーチャージをして、エネルギーを増幅してゆくようなものだ。これは、物理的な世界であれば、エネルギー保存の法則に反するので起きえないが、意味の世界では、それが起きるのだ。意味の世界ではあることがリフレームされ、意味の増幅が起きるからだ。

このように、ジェネレーターがいる場では、エネルギーを出すジェネレーターとそれを受けとる参加者というふうに二分法的に分かれるのではないのである。自分が出している一方で、相手もまた出す存在になる。お互い発し合い、受けとめ合う。延々とエネルギーが循環し、増幅していくのだ。これが、ジェネレーターのイラストに描かれたスパイラルの正体と言ってもいい。エネルギーのスパイラルは、みんなの間に生じる。ジェネレーターが力《りき》んでがんばって動かしているというわけではなく、参加者とともにエネルギーを生成・増幅させているのだということを、明確に示しているのである。

あるとき、井庭研の女の子たちが「ジェネ」という言葉を生み出した。「ジェネレーター」をさらに短く略して「ジェネ」と呼んだのだ。ワークショップにおいて、全体のファシリテーターとは別に、一緒に参加者のテーブルのところに入り、ともにアイデアを出すメンバーを「ジェネ」と呼んだ。その言い方を借りるならば、エネ返しはジェネ返しだと言える。

「ジェネレーター」を「ジェネ」と略すのは、いかにも日本的な略し方だとは思うが、実は、この「ジェネ＝gene」というのは、語源的に見ても、単なる短縮にすぎないとは言えないところがある。エピソード2ではさらに原点に立ち返り、ジェネレート＝generateという言葉の語源を追いかけてみることにしよう。

1 Takashi Iba, Chikara Ichikawa, Mami Sakamoto, and Tomohito Yamazaki, "Pedagogical Patterns for Creative Learning", PLoP、11 Proceedings of the 18th Conference on Pattern Languages of Programs, 2011.

2 トーマス・G・スミス、『ジョージ・ルーカスのSFX工房』、朝日新聞社、１９８８。

3 この授業については、『「コラボレーションによる学び」の場づくり：実践知の言語化による活動と学びの支援』（井庭崇、人工知能学会誌 ２００９年 24巻 1号 P70-77）という解説論文で紹介している。また、コラボレーションについては、「コラボでつくる！：コラボレーションの連鎖による創発」（『創発する社会』國領二郎 編著、日経BP、２００６ 所収）でも、創造的なコミュニケーションを連鎖させていくことで、「個に還元できない付加価値を生み出す」ということについて論じている。

4 井庭崇 編著、中埜博、江渡浩一郎、中西泰人、竹中平蔵、羽生田栄一、『パターン・ランゲージ―創造的な未来をつくるための言語』、慶應義塾大学出版会、２０１３年。

5 川喜田二郎、『発想法―創造性開発のために』、改版、中央公論新社、２０１７。

6 井庭崇＋井庭崇研究室、「ラーニング・パターン―創造的な学びのためのパターン・ランゲージ」ブックレット&カードセット、クリエイティブシフト、２０１７。

7 Takashi Iba with Iba Lab, Learning Patterns: Eine Mustersprache für kreatives Lernen, translated by Reinhard Bauer, Petra Szucsich & Martin Sankofi, CreativeShift, 2018.

8 井庭崇＋井庭研究室、『プレゼンテーション・パターン―創造を誘発する表現のヒント』、慶應義塾大学出版会、２０１３年。

9 Takashi Iba, Chikara Ichikawa, Mami Sakamoto, and Tomohito Yamazaki, "Pedagogical Patterns for Creative Learning", PLoP、11 *Proceedings of the 18th Conference on Pattern Languages of Programs*, 2011.

10 井庭崇 編著、鈴木寛、岩瀬直樹、今井むつみ、市川力、『クリエイティブ・ラーニング―創造社会の学びと教育』、慶應義塾大学出版会、２０１９年。

11 M・チクセントミハイ、『フロー体験―喜びの現象学』、世界思想社、１９９６。

12 キース・ソーヤー、『凡才の集団は孤高の天才に勝る―「グループ・ジーニアス」が生み出すものすごいアイデア』、ダイヤモンド社、２００９。

Generator

Episode 02

起源 ― Origin ― 井庭 崇

語源から考えるジェネレーターシップ

前章で見てきたように、「ジェネレーター」という言葉は、「ジェネレイティブ・パーティシパント」(生成的な参加者)という言葉を短縮したもので、生成的な流れを促しながらともにつくることに参加するというニュアンスを含んでいる。また、時代の変化を「3つのC」、すなわち、Consumption(コンサンプション:消費)、Communication(コミュニケーション:)、Creation(クリエイション:創造)という変化で捉え、それが、消費社会、情報社会、創造社会という流れを表していた。そして、その流れに応じて、教師の役割の重点が、「ティーチャー」「インストラクター」から、「ファシリテーター」、そして「ジェネレーター」と移っていくということであった。

このとき、これらの役割は、その言葉のなかにある「teach」、「instruct」、「facilitate」、「generate」という言葉の意味と不可分である。そして、それらの現在における辞書的意味だけでなく、その語源を辿ると、その特徴がよくわかってくる。そこで、ここでは、これらの言葉の語源を辿り、それぞれの言葉・役割に内在する意味を紐解き、ジェネレーターとはどういう存在なのかを明らかにしていきたいと思う。

「generate」などの言葉の語源を紐解く

「teach」のもともとの語源は、サンスクリット語の「dic」で、その後、「見せる」（teik）とか「記号、サイン」（token：トークン）という意味を経て、古典および中期の英語になっていくなかで、現在のteachという語に変わっていったという。つまり、「見せる」と「記号」「サイン」という意味を併せ持つのがteachなのである。

「instruct」は、もともとは「情報を知らせる」というinformに近い意味を持つ語だった。言葉の成り立ちとしては「中（in）に組み立てる（struct）」ということである。ちなみに、constructは「con」が「行為」を意味するので、「外」になにかを組み立てることから、「コンストラクション」つまり「建築する」という意味になる。つまり、生徒・学生の頭の「中に」知識を組み立てられるようにするのが、instructということになる。

では、「facilitate」とはどういう意味かというと、それは「容易に」（facills）「する」（ate）という意味である。「施設」を意味するfacilityと同じ語源で、それは専用の場があると「容易に行為できるようになる」というニュアンスだ。みんながコミュニケーションしやすくしたり、考えやすくしたりする役割を果たすのがfacilitatorということになる。

なお、話し合いなどで「モデレーター」と呼ばれる役割があることがあるが、「moderate」

は、modest（謙虚な）と同じ語源で、「抑えた」（moderatus）ように「する」（ate）という意味だ。場が熱狂し過ぎているときにクールダウンしたり、話が発散しそうになるとなんとかもとの話に戻してうまく丸めたりするのが、moderatorである。

そして、いよいよジェネレーターの「generate」であるが、その語源としては「生じさせる、子をもうける」（genero）、「誕生」（genus）「する」（o）、「産む」（genh-）という意味をもっていた。

facilitatorはみんなが容易にできるようにする役割で、moderatorは抑えてなるべくまとまりをつける役割なのに対して、generatorは「生成していく」「生み出す」ということに関わるのである。

興味深いことに、「寛大な」という意味のある「generous」も、語源はgenerateと同じだという。ジェネレーターは、自分の発想・考えをどんどん場に投入するが、威圧的にならず、むしろ場の雰囲気を面白くする。それはどんな発見もすぐにジャッジせず、generous（寛大）な態度で臨んでいるからだということが語源を追うことで明らかになる。しかも、generateは、nature、naturalという言葉にも語源的に非常に近い関係にある。これも実に興味深い。

こうやって語源を辿って見てくると、teacher、instructor、facilitator、moderator、generatorは、ぜんぜんタイプが違うということがはっきりしてくる。

「generator」という言葉の歴史

では、「generate」という言葉ではなく、「generator」という言葉は歴史上どういうふうに生まれ、変遷してきているのか、『英語語源辞典』（研究社）で調べてみたところ、1646年にトーマス・ブラウンという人が使っていることがわかった。

彼はフランシス・ベーコンの研究に影響された人で、『プセウドドキシア・エピデミカ』という著作の中で、「生みの親」のことを比喩的に表現するためにジェネレーターという言葉を使っているそうだ。なんと「生みの親」という、僕たちがジェネレーターという概念で言いたいことと近い意味で使われ始めたことがわかった。

「発生装置」「発電機」という意味で使われるようになったのはそれより後の1970年以降のこと。「ジェネレーター」というと「発電機」のイメージを持つ人が多いが、実は「生みの親」という意味の方が使われたのは早かったのである。

三省堂の『英語語義語源辞典』では、generatorの意味として「発電機。ガスなどの発生装置。一般に発生させる人や物」ということが書かれていた。これもまた僕らが言っていることと極めてよく通じるので、「ジェネレーター」という言い方はおかしなことではないのだということが確認できたと言える。「生み出す人」という意味として使われてきた「generator」という言葉に、僕たちが創造的な時代に向けた新たな意味合いを加えたのだ、ということが言葉の歴史を紐解くことで見えてきた。

conduct・educate・produceの語源的意味

語源を紐解くことで、いろいろなことが見えてくることがわかったので、その周辺の言葉もいろいろ見てみることにしよう。

まず、「conduct」について。conductという言葉は「行為する」という意味である。だから、ジョン・デューイの『Human nature and conduct』という本の邦訳タイトルは『人間性と行為』となっている。[13] この「conduct」という言葉は、もともとは「一緒に導いた」(conductus)、「一緒に導く」(conduco)、「全体を一緒にまとめて」(con, com-)「導く」(duco)という意味だった。いくつかのことを取りまとめて行為するというニュアンスが含まれている。「指揮者」は英語で言うと、「conductor」であるが、オーケストラを束ねて、一緒にまとめて導くので、まさにconductorだというわけである。

次に、教育(education)の動詞「educate」についても見てみよう。この語源が、「エ」+「デュカーレ」で、「外(e)」へ「導く(ducere)」という意味があるということは、割と知られていることではないかと思う。「外へ導く」ということを考えるとeducateとteach、instructは全く意味が違うことがわかる。「インストラクター」は中につくり、「ティーチャー」も「記号」を「見せる」ことで伝える。一方、「エデュケーター」は、本人が持っている能力やポテンシャルを外へ導いて引き出す。本人が持ちあわせている可能性を引き出して力を発揮できるようにサポートするのがエデュケートなのである。

同じducereを含む語に、「produce」がある。proには「前へ」という意味があるので、produceというのは「前に引き出す」ということ。つまり、produceには方向性がある。educateは中から外へ引き出すが、produceは前に向かって引き出す。プロデューサーはある方向に導く役割があるわけだ。

produceから製造するという意味が生まれるのは、ある物をつくるとき、物をつくるために用いる素材の持っているポテンシャルをある方向に導いて形を生み出すからだ。educateというのは本人が持っているポテンシャルを学びによって外へ出してあげるだけだが、produceになるとある方向性に向かって変わるように促す。だから、こういう未来になるからこういう人材を育てようと思って教育をする場合、そこにはproduceの要素が入ってくる。未来を見据えたプロデューサーになる必要があるのである。

ある方向に向かって変化を促すことと、中の力を外へ出してあげることは両立できるので、educateとproduceは共存し得る。以前から僕は、これから求められるのは、どんな場合でもつぶしがきく一般性を引き出すようなeducateではなく、これからの時代を見据えて、ある方向性に向けて力を養い、経験を積み、活躍できるようにしてゆくproduceの側面が教育において重要になると考え、語り、実践してきた。本書で見てきたような本格的な創造社会に向けて、「つくる」力を養い、「つくる」経験を積む教育である。produceを重視した教育の意義が、語源を追うことでより鮮明になったのではないだろうか。

create と make の違い

ひとえに「つくる」と言っても、先ほどの「produce」という言葉もあれば、「create」もあれば、「make」という言葉もある。本書でいう「つくる」はそれらのどれでも当てはまるように、あえて「つくる」と平仮名で書いているのだが、それぞれの言葉の違いも、語源から考えると実に面白い。

「create」は、やはり「神が創造する」という意味合いが込められている。神が世界を創造したという「創造」は、大文字から始まる「Creation」だ。このことに象徴されるように、今までになかった新しい物事を創造するのが「create」のニュアンスで、increase の crease と同じ語源を持つ言葉だ。今までになかったことを生み出して、増えてゆく（increase）のである。

一方、「make」は、素材に手を加えて思った通りの形にするという意味だ。練りあげて、狙っている形にする。化粧して顔という素材をよく見せるのをメイクアップと言い、クリエイトアップとは言わないところからニュアンスの差がわかるかもしれない。メーカーズ・ムーブメントにおけるものづくりも、素材があって、その素材をある形に加工し、変換してゆくということだと言える。素材があってそれに手を加えてゆくのが「make」で、なかったものを増やしていきながらつくっていくのが「create」ということである。

日本語の「生成」の語源

ここまでは、英語の言葉の語源を見てきたが、日本語ではどうだろうか。今度は、日本語の「生成」の語源について、調べてみることにしよう。「生成」という言葉は、生じたり、生じさせたり、物がその状態を変化させて他の物に転化してゆくこと、というのが辞書的な意味だ。『日本語語源広辞典（増補版）』（ミネルヴァ書房）によれば、語源的には、ほぼそのまま、「生」じると「成」るで構成され、ものが生じることを意味していた。

白川静さんの著書『文字逍遥』（平凡社、１９９４年）に、「なる」という言葉を表す漢字のことについて述べているところがある。そこには、「国語の『なる』は、漢字の『生』と『成』の両義を含む」と書かれている。「生り《なり》」は、「生り《あり》」の意であり、「なかったものがある」＝「新たに生まれる」こと。一方、「成る」は、「変化し熟成する」こと。したがって、「なる」には「発生から生長、変化のすべての過程を経て、ものが成就されるに至るまでの一切を含んでいう語であった」と言う。つまり、「なる」の意味をよりクリアに説明した熟語が「生成」である。こう考えると「生成」という言葉と「generate」は意味がぴったり重なるうえに、そこにproduceとcreateの意味合いも加わっていることがわかる。

哲学的に見た「生成」

さらに、「生成」の言葉・概念の哲学的な歴史についても調べてみよう。岩波書店の『岩波哲学・思想事典』に書かれていたことが面白かったので、紹介したい。

「〈生成〉とは、時間の経過にともなうある方向をもった事物の変化の仕方を意味し、狭い意味では〈消滅〉に対置されるが（アリストテレス「生成消滅論」）、一般にはその消滅をも含む広い意味に解され、永遠に同一に止まるという意味での〈存在〉に対置される。（木田元）」[14]

「古代ギリシャにおいても、生成消滅し変化運動する現象を仮象とみなし、その背後に、あるいはその彼岸に生成不滅不変不動の〈存在〉を想定するパルメニデス（エオン）やプラトン（イデア）がいたが、古代ギリシアにあって彼らの思想はむしろ例外に属し、万物は時の定めに従って生成消滅すると見るアナクシマンドロスや「万物は流れる」と説くヘラクレイトス、万物は可能態から現実態へと向かう運動のうちにあると見るアリストテレスのように、生成を万物の実相と見る見方が一般的であった。古代ギリシア人が万物を〈自然physis〉と呼び、そのphysisが〈なる〉という意味の動詞physesthaiから派生した名詞だということを思い合わせれば、彼らが万物の実相を生成と見ていたらしいことはうかがわれる。（木田元）」[15]

このように、古くから哲学において「生成」ということが世界の成り立ちの根本的なところにあると考えられていたということがわかる。しかも、哲学よりももっと前から、神話的思考において「生成」は重要な役割を果たしていたという。

「この〈生成〉という概念は、哲学の誕生に先立って、すでに神話的思考において重要な役割を果たしており、それが哲学的概念にも残響していると見ることができる。「歴史意識の〈古層〉」において丸山真男が説いているように、どの民族、どの文化圏にも見られる創世神話を、理想型を構成して整理してみると、〈なる〉〈うむ〉〈つくる〉の三つの原理によって整序される。万物の創成を陰陽二元の結合によって説明する中国の盤古《ばんこ》神話や万物を〈natura＝生み出されたもの〉と見るローマの神話は〈うむ〉を原理とし、神によって万物がつくられたと見るユダヤ・キリスト教系の神話は〈つくる〉を原理としているのに対して、万物を〈physis＝なり出たもの〉と見るギリシア神話や、万物を〈葦牙《あしかび》萌え騰《あ》がるが如くなる〉と見る日本の古代神話などは〈なる〉を原理としている。…中略…（木田元）」（『岩波哲学・思想事典』岩波書店、１９９８）

ここで取り上げられている「なる」「うむ」「つくる」は、どれもジェネレーターにおいても重要なキーワードである。ジェネレーターは、僕たちが生きる世界全体を創世するわけではないが、僕たちの周りの「世界」、あるいはいまつくっているものの「小さな世界」をなるようにし、うみ、つくることに関わる。

哲学に話を戻すと、古代ギリシャにおいては、ヘラクレイトスの言うように「万物は流れる」「水のようである」という「生成」概念が一般的であったが、そのような感覚は、近代哲学においても改めてクローズアップされた。

「西洋哲学にあっても、形而上学的思考様式＝物質的自然観の克服を企てる思想家たちは、ふたたび自然を、生きたもの、生成するものと見ようとする。ことに、欲求・意志・意欲を根源的なものと見る〈ドイツ形而上学〉の系譜につらなる思想家たち、ライプニッツ、カント、シェリング、ヘーゲル、ショーペンハウアー、ニーチェのもとでは、〈生成〉の概念の復権が主題化されることになる。（木田元）[16]」

こうして哲学・思想の流れをふりかえると、物質的世界観の克服のために、もう一度「生成」という考えをとりいれる必要があるという考えの系譜が浮かび上がる。生成的な流れを促しながらともに「つくる」ことに参加するジェネレーターという役割は、教育において、これからの教師像において求められるのは間違いないが、そうした実用的な面だけではなく、物質中心の近代科学的世界観だけでは立ちゆかなくなっている現状を乗り越えてゆくためにとても重要な役割を担っていると言えるのである。

システム理論から見た「生成」

僕の学問的バックグラウンドは、システム理論だ。システム理論にもいろいろな捉え方・流派があるが、僕が強い関心を持ってきたのは、「複雑系」（Complex System）と「オートポイエーシス」（autopoiesis）のシステム理論である。どちらも、機械のようなシステムではなく、生命や社会のような「生きているシステム」を対象としているのであるが、どのような観点で世界を捉えるかという点で、違いもある。

複雑系というのは、システムの要素の機能・振る舞いが、全体の文脈によって動的に変化するようなシステムである（詳しくは、『複雑系入門』[17]の第1章参照）。システムは要素によって構成されているが、その要素はシステム全体の影響を受けるという、円環的な関係性（循環的な関係性）があることから、その振る舞いは簡単には予測できないような極めて複雑なものになる。そういうふうに、生きているシステムを捉えるのがシステム理論である。要素の形はぐにゃぐにゃ変わり、その機能も変化するが、要素として同定できるものは継続的にあることはある。まず要素があり、それがダイナミックに変化して続いてゆくという世界観である。

オートポイエーシスも、生きているシステムを対象とするが、要素の捉え方が少し独特である。要素を、生成された途端に消滅してしまう出来事だと考える。つまり、要素は物のように安定して存在するものではなく、瞬間的にしか存在しないような出来事が要素なのだ。そのため、システムは要素から成り立つわけなので、システムが存在し続けるためには、（瞬間的にしか存在しない）要素を次々と生成させる必要がある。それしか、システムが存在し続けることができる道はないのだ。

そうなると、ある要素は、継続して存在することはないが、システムを構成する要素が絶えず再生産され続ける、ということになる。ずいぶん、忙《せわ》しないシステムだなぁと思うが、それこそが「生きている」ということだ、というわけである。

このとき、システムの要素は、「そのシステムの要素」でなければならない。つまり、要素であれば何でもよいのではなく、「そのシステムの要素」でなければ、そのシステムの要素にはなり得ない（トートロジーの自明なことを言っているように感じられるかもしれないが、そこがポイントなのだ）。つまり、要素はそのシステムを前提として成り立つということである。ここにも、やはり、要素とシステムの円環的な関係性が登場する。システムは要素から成り立つが、要素はシステムに依存している、という。

このように、オートポイエーシスのシステムでは「生成」（消滅を含む意味での）に軸足が大きく移っている。システムの要素は生成した瞬間に消滅してしまい、その後次々と生成消滅を繰り返していくという原理だからだ。要素を「生成」し続けることでシステムが「存在」する、という世界観である（オートポイエーシスのシステム理論とその社会認識への応用については、『社会システム理論：不透明な社会を捉える知の技法』[18]の序章でわかりやすく紹介している）。

このようなシステム理論から見ると、ジェネレーターはどのように捉えられるだろうか。まず、複雑系の観点で言うと、場の要素としてのジェネレーターは、全体の文脈のなかで、その機能や振る舞いを動的に変化させていく。固定した何かに囚われずに、変幻自在にどんどん変わっていく。それは周囲に伝播し、さまざまなことが生じ、そういう場になる。

その場のなりゆきから、さらに影響を受け、自身の機能や振る舞いを変えていく。ジェネレーターとは、そのような存在なのである。そして、それだからこそ、その場が生き生きとしてくる。変幻自在なジェネレーターと、生き生きとした場が生まれる、ということは不可分なものとして、ひとつの円環をなしているのである。

次に、オートポイエーシスのシステム理論の世界観で、ジェネレーターを見てみよう。この観点で見るとき、ジェネレーターをシステムの要素として見るのではなく、コミュニケーションの生成・連鎖のシステムにおける「コミュニケーション」が要素となる。ジェネレーターが場に投げかける、観察や気づきのひとこと、ちょっとした疑問の投げかけ、誰かの言動に対して面白がっての感想・反応……、そういうものは、生じた途端に（コミュニケーションとしては）消えてしまう瞬間的な要素である。

そして、ジェネレーターは、自分の発言だけでなく、周囲の人たちの発言を次々と引き出し、また、何かを言おうとする心理的安全性も確保し、さらなる（しょうもないものを含む）発言を誘発していく。このようにして、ジェネレーターがいる場は、コミュニケーションが次々と生成される場になる。

しかも、その場には、創造的な流れ、発見の生成・連鎖のシステム（回路）がどんどん動き出すのだ。

ジェネレーターは、自らの発想や気づき、アイデアの積み上げなどを惜しみなく場に出していく。そして、周囲の人たちの一人ひとりの創造性も刺激し、その人たちがどんどん自分の発想や気づきを場に出すことを歓迎する。しかも、素晴らしい案だけでなく、しょうもないような案を自ら出すとともに、他の人のそういう案も肯定的に評価し、笑い合って面白がる。

そうやって、周囲の人たちの心理的なハードルも下げて、ますます、場に創造的な発見が生まれるように促していく。こうして、発見の生成・連鎖のシステム（回路）がどんどん動き出すのだ（発見の生成・連鎖の創造システムについては、『クリエイティブ・ラーニング』[19]の序章も併せてご覧いただきたい）。

以上のように、ジェネレーターは、場における自らの機能・振る舞いを状況・文脈に応じて変幻自在に変えながら、コミュニケーションの生成・連鎖と、発見の生成・連鎖が次々と生じるように促していく。その姿は、語源や哲学的な観点から見た「生成」を体現するものであることがわかるだろう。日常のなかで、凝り固まって、固定化してしまいがちな世界や物事の理解をゆるめ、流動化し、生成的な変化へと変えていく。そのようなことをジェネレーターは引き起こしていくのである。

次章では、第1部のまとめとして、ジェネレーターの考え方が重要になる社会的背景について、さらに深く理解していくことにしよう。

13 J・デューイ、『人間性と行為』、第3版、人間の科学新社、2017年。
14 （『岩波哲学・思想事典』、岩波書店、1998年 所収）
15 （『岩波哲学・思想事典』、岩波書店、1998年 所収）
16 （『岩波哲学・思想事典』、岩波書店、1998年 所収）
17 井庭崇、福原義久、『複雑系入門―知のフロンティアへの冒険』、NTT出版、1998年。
18 井庭崇 編著、宮台真司、熊坂賢次、公文俊平、『社会システム理論―不透明な社会を捉える知の技法』、慶應義塾大学出版会、2011年。
19 井庭崇 編著、鈴木寛、岩瀬直樹、今井むつみ、市川力、『クリエイティブ・ラーニング―創造社会の学びと教育』、慶應義塾大学出版会、2019年。

Episode 03

創造社会

ジェネレーターが求められる社会とは

Creative Society

井庭 崇

生成的な流れを促しながらともに「つくる」ことに参加する存在である「ジェネレーター」が重要となる時代背景について、今度は社会的観点から考えてみたい。これからどのような時代になるのかによって、何が大切になるかは変わってくるので、これからの未来についてイメージを豊かにすることは不可欠だ。僕は、これまでにも、井庭崇編著『社会システム理論』[20]や『パターン・ランゲージ』[21]、『クリエイティブ・ラーニング』[22]の本などでも、これからどのような時代になるのかについて語ってきて、未来社会を研究する「未来社会学」という新しい学問を掲げている。今回は、ジェネレーターという概念を軸として述べていこうと思う。

3つの「C」で見る社会の変化

すでに軽く紹介したけれども、僕は、ここ100年の変化を、時代を象徴する「3つのC」で捉えるということを提唱している。まず1つ目のCはConsumption（消費）で、消費社会のこと。

アメリカでは1920年代から、日本では戦後（1940年代後半）から、よいモノやサービスをたくさん享受するということが生活・人生の豊かさを表す消費社会がスタートした。物質的なモノとの関わりに関心の重点が置かれていた時代だ。

2つ目のCはCommunication（コミュニケーション）で、情報社会のこと。1990年代にインターネットと携帯電話の普及によって、社会の情報化が始まった。情報社会では、オンラインであってもリアルであっても、よい関係性やコミュニケーションに関わっていることが、生活・人生の豊かさを象徴するようになった。社会的（ソーシャル）な関わりが関心の的になった時代である。

そして、3つ目のCはCreation（創造）で、現在は「つくる」ということが時代を象徴する「創造社会」の初期であると僕は考えている。この創造社会は、2010年前後から始まり、いままさに各分野で「創造化」が起き、創造社会として発展している最中なのだ。創造社会においては、自分で何を「つくっている」か、また、どれほど「つくる」ことに関わっているかが、生活・人生の豊かさを象徴するようになる。創造的（クリエイティブ）な方向へと関心が向かう時代である。

「つくる」ことが豊かさを象徴する創造社会

創造化は、社会のいろいろな分野で起きつつある。まず、わかりやすいのが、ものづくり。3

Dプリンターやレーザーカッターのようなデジタル・ファブリケーション（FAB《ファブ》）の技術によって、ものづくりの民主化が起きている。これまで工場で大量生産的につくるしかなかった「モノ」が、自分の自宅でプリント（出力）できるようになったのである。

これにより、必要な人が必要なモノを必要な分だけ、自分の状況に合ったかたちで「つくる」ことが可能になったのだ。創造社会の到来を示す、もっとも象徴的な例が、このFAB（ファブ）によるものづくりだろう。

しかしながら、社会の創造化が始まっているのは、ものづくりの分野だけではない。「地域活性化」、「地方創生」の文脈のなかで、住民参加型のまちづくりが全国のあちこちで行われている。自分たちの地域をどうしていきたいのか、どうしたらもっと魅力的なまちになるのか、これから具体的にどうしていくかということについてワークショップを開いたりして、住民たちが自分たちで考え、話し合うということが行われるようになっているのだ。これも創造社会のイメージが湧きやすい好例だろう。

２０２０年には、コロナ禍によって社会の創造化は否応なしに加速した。誰もが、自分たち家族の暮らしを自分たちなりにつくったり、自分たちの組織の働き方を自分たちでつくったりするということを経験した。これまでの常識の画一的なあり方は、もはや成り立たなくなり、各自が自分たちでどうするのかを考えなければならなくなったわけである。

実際に、学生を含め、僕のまわりには、コロナの時代に突入したことで、「創造社会」を実感した、という人が多い。これまでは誰か他の人がつくった一般的な基準ややり方をただ受け入れているだけだったと気づくとともに、スーパーヒーローが一挙に助けてくれたりはしないし、もはや日本より進んでいるどこかの国のモデル・手法を持ってくればよいというわけでもないことを痛感し、自分たちで自分たちのあり方・やり方をつくっていかなければならないのだ、と感じるようになった、というのである。

なお、コロナの状況下における暮らしのデザインの僕の実践を紹介した本が、『コロナの時代の暮らしのヒント』[23]である。これを読むと、自分の暮らしを自分でデザインするということがどういうことか、つかんでもらいやすいのではないかと思う。

創造社会の到来

これから僕たちが生きる社会は創造社会であり、そこでは、それぞれの人が自分達なりの創造性を駆使し、問題を発見・解決する社会になる。情報社会において、あらゆる分野・領域が「情報化」されてきたように、これから創造社会ではあらゆる分野・領域が「創造化」されていくだろう。学び・教育の領域も例外ではない。社会の変化にともない、学びのあり方も変化し、学びの支援者（教師、親、関係する大人）の役割も変わるのである。

このような創造的な社会の時代が到来するということは、すでにいろいろなところで言われてきた。

例えば、ダニエル・ピンクは『ハイコンセプト』[24]という本の中で、「情報」の時代の次は「コンセプト」の時代で、「左脳」の時代から「右脳」の時代になると述べている。これは僕たちが考えているように、創造性を基盤とする社会へシフトするという話で、分析中心の情報の時代から、デザインし、共感するコンセプトの時代になるということだ。

もっと直接的に「創造社会」という言葉を掲げている人たちもいる。経団連は2018年に、「ともに創造する未来」として「Society 5.0」を掲げ、その社会は「創造社会」であるとした。経団連の言う「創造社会」は、「デジタル革新と多様な人々の想像・創造力の融合によって、社会の課題を解決し、価値を創造する社会」である。僕自身は「創造社会」という言葉を、2010年頃から本や論文などで書き[25]、講演で毎回語ってきたので、ようやく時代が追いついてきたという気持ちだ。

創造社会をもう一歩引いて、より大きな文明レベルの流れで考えるとすると、公文俊平さんの「近代化の三局面」の捉え方が参考になる（詳しくは、『社会システム理論』[26]など参照）。まず、近代化の歴史のなかで、まずは「国家化」が起き、軍事力が強化され、続いて、「産業化」が起き経済力を志向するようになり、さらに、「情報化」して智力が重要になってきた。近代化は、それら三つの局面それぞれがS字型の波を成し、それらが次々と生起することで成り立ってきた。現代社会は情報化という局面にあり、「最後の近代」という意味で「ラストモダン」を迎えていると、公文さんは述べている。「ポストモダン」（近代の後）ではなく、情報社会はまだ近代の一部であるというのが、公文さんの捉え方の特徴だ。

ちょっとややこしく聴こえるかもしれないが、僕の言う「創造社会」は、公文さんの言う文明レベルでの情報社会（情報文明）の一部に位置付けられると、僕は考えている。これまでの時代が「狭義の情報社会」（前期情報社会）だとすると、創造社会は「後期情報社会」と呼べるものであって、社会の「情報化」や「智業化」の流れに直結する。なので、近づいて見ると、情報社会の次に創造社会が来るという話になるが、ぐっと引いて文明レベルの流れで見ると、国家化→産業化→情報化の最後の「情報化」のなかに、インターネットの情報社会とこれからの創造社会が入っているという見立てになる。

これからの創造社会は、これまでの情報社会の進展とその基盤の上に成り立つのであって、単に、古きよき「おばあちゃんの手縫い」の時代に戻ろうというのではない。情報がじゃぶじゃぶにあり、どこからでも誰もがアクセスできるという環境において、一人ひとりがエンパワーされながら、創造性を発揮する時代、それが創造社会だ。

そして、その創造社会において、ラストモダンとしての情報化の文明が完了するのであり、その過程のなかで、近代（モダン）の次の世界へのブレイクスルーとその準備がなされるという、人類にとってとても重要な時代になるだろう。

自分でつくることができる社会、つくらなければならない社会

創造社会は、一人ひとりが、使うものや考え方、やり方、あり方を自分（たち）でつくる社会だ。これは、ある面では、ポジティブなことであり、一人ひとりの力が発揮されるとともに、自分たちに合ったものや考えを生み出すことができるということである。一人ひとりが自分の生をいきいきと生きることにつながる。

他方、創造社会は、一人ひとりが、自身の創造性を発揮して生きていかねばならぬ時代でもある。そうしなければ、生き抜けない（サバイバルできない）という厳しい状況でもあるのである。例えば、コロナの状況下で自分は、自分の家族は、どのように暮らしていこうか、そのことについて考えずに、これまで通りの生活をすることはできない。かといって、誰かが解決してくれるわけでもない。自分で、自分たちでなんとかするしかないのである。

まちづくり・地域づくりもそうだ。どこかの誰かが素晴らしい案や計画をもってきて、住民である自分たちにとっても素晴らしい未来がやってくる、なんていうことはまず起こらないだろう。自分たちの住んでいるまち・地域のことは自分たちで考えていかなければならない。

さらには、地球温暖化や環境破壊の問題。どこかの一部の専門家が解決してくれるのを待っているだけでは、立ち行かないだろう。一人ひとりが自分にできることをやり、知恵を絞り、協力し合う……そういうことなしに、このグローバルで難解な課題は、解決へと歩みを進めることは

不可能だろう。

　このように、創造性がすべての人に求められるのは、それが素敵なことだからというだけでなく、その必要があるからなのである。一人ひとりの持つ創造性を持ち寄り、それによって、社会・人類の様々な課題を乗り越え、また新たなもの・方法・希望を生み出していく。そういうことがますます重要な時代に突入しているということである。このように考えれば、創造社会は一つの理想の未来として、選択肢の一つとして挙げておけばよいようなものではなく、社会が、そして人類が、これからも生き続けていくための不可欠なフェーズなのだと捉えるべきだろう。

　社会の近代化のなかで我々が見て見ぬふりをしてきたこと、先送りしてきたこと、解決できないまま来てしまったことが山積みになり、限界を迎えている。そのような厳しい状況は、多くの人がそれぞれの立場・観点から創造性を最大限に発揮することでしか打破できない。そのために、一人ひとりが創造性を発揮することと、創造的に考え動き、つくることができるようになること、そのための教育や支援ということ、それらが極めて重要な時代に突入しているのである。

四半世紀で世界は大きく変わる

　今が創造社会の初期で、まだ一部の人、一部の領域でしか、「創造化」が起きていないとすると、これから、どのくらいで創造社会が本格化するのだろうか。僕は、２０４０年頃には、かなり社会の創造化が進むと見ている。つまりいまの小学生低学年が成人するころ、あるいは、いまの大学生が三十代、四十代になるころには、広く、「つくる」こと、創造的であることが生活・人生の豊かさを象徴するような社会になっているだろう。

そんなに短い期間に、社会の変化は起きるのかと思う人もいるかもしれない。しかし、僕たちが最近体験した情報社会の例を見れば、四半世紀も経てば社会は大きく変わるということがわかる。

いま、世界には、ものすごい数のウェブページがあり、情報を入手したり、動画を見たり、SNSに書き込んでやりとりをしたり、買い物をしたりしているが、今から30年以上前には、ウェブページは存在しなかった。１９９０年代初めに、世界で初のウェブページが立ち上げられ、その後ブラウザがつくられ、少しずつ試してみる人が出てきた。

僕はちょうどそのころ大学生で、インターネットが実験的に引かれた先端的なキャンパス（慶應義塾大学湘南藤沢キャンパス：ＳＦＣ）で学生時代を過ごした。大学2年生のとき（１９９４年）につくった個人ホームページが、「日本語で読めるサイト一覧」（どこかの研究所の方がつくったのだったと記憶している）の30～50くらいのなかの一つとして掲載されていたほどだ。まだ、大学も企業もホームページをもっていないような時代である。僕は、先端的な環境にいたからこそ、そういう未来を先取りするような取り組みをいち早く実践することができた。

そのときのキャンパスの様子を如実に表しているのが、先端的な大学キャンパスとしてＳＦＣが取り上げられた約25年（四半世紀）前の新聞記事だ。１９９５年5月20日の日本経済新聞に、

「学べる！遊べる！何でも電子メール：慶大ＳＦＣ先端キャンパスライフ事情」という記事が出ている。小見出しには、「リポート作成から早慶戦の予約まで：学生の指南役、使い方伝授」や「一人一人に専用番号」とある。そして、大学生が電子メールを使っていることがかなり珍しい時代で、メールでデートに誘ったことがあるか、ケンカやトラブルに巻き込まれたことがあるかというようなアンケート調査の結果も紹介され、先端キャンパスにおける学生生活像が描かれている。

そして、ここに写真とともに登場する1人の青年がいる。その青年というのが、実は、僕だ。たまたまキャンパスの近くに住んでいたので、一学生の例として記者が僕の家で写真を撮った。その写真のキャプションが、今見るとすごい。「自宅でもパソコンを操る井庭崇さん」というキャプションなのだ。今からすれば、そんなことに驚いていることが驚きだろう。隔世の感がある。

しかし、そのようなキャプションになるのもわかる。1995年と言えば、Windows 95が発売された年であり、まだ家にパソコンを持っている人も多くはない時代。World Wide Webの世界も始まったばかりで、まだほとんどの企業がホームページを持っていなかった。そんな時代にSFCでは、ただの大学生がパソコンを触っていたから驚かれたわけだ。

今の若い人は、携帯電話（スマホ）を持たずに、駅で待ち合わせをすることなど不可能に思うだろう。遅刻したときどうするか、電車の遅延があったらどうやって調べるのか、など、いろいろ不安になるだろう。でも、固定電話しかない時代は、出かけたらお互いに連絡がとれないのは当たり前で、駅の伝言板に「どこどこに先に行っています」と書いたわけだ。僕が先ほどの記事に載った25年前は、携帯もポケベルも持っていなかった。四半世紀で世界のリアリティはここまで大きく変わるのである。

こう考えると、「つくること」についても、20年経てば「一人ひとりが自分たちのモノや仕組みをつくる社会」になっているということは大いにあり得ることだろう。「え〜、欲しいもの、全部買っていたんですか?よくそれで欲しいもの手に入りましたね」と、未来の若者は言うだろう。あるいは、「自分でつくらず、全部人から買わなければいけない時代というのは、ずいぶんと貧しい世界ですね」と言われてしまうかもしれない。

おばあちゃんが裁縫で何でもつくるというような、昔ながらのやり方にただ戻るのではなく、いろいろなテクノロジーや新たな方法によってサポートされながら、自分たちで好きなものをつくるのが当たり前になる時代に変容してゆく。それが僕のイメージする創造社会であり、そこにジェネレーターが必要だと考えているのだ。

そういう社会の変化に合わせて、ティーチャーやインストラクター、ファシリテーターという存在に加えて、ジェネレーターが不可欠になっていく。創造社会においてはジェネレーターという「あり方」がますます重要になっていくのだ。

プロの人につくらせて自分はつくらない、というのではなくて、一緒につくる人になる。しかも、それは単にものづくりの話だけではなく、暮らし方、働き方、生き方、地域や社会のあり方までも自分たちでつくるようになっていく。これが、創造社会の未来像である。

極度の分業による分断化

創造社会は決して理想的なユートピアというわけではない。一人ひとりが日常的に創造性を発揮できる、というポジティブな面だけでなく、そうやって各自が創造的に暮らしていかないと社会自体が維持できないところまで追い込まれる。そのあたりについて、少し話してゆこうと思う。

ここで考えたいことは3つある。1つ目は、極度の分業の帰結として分断化が生じているということ、2つ目は、応急処置（対症療法）ばかりで、本質的解決をしない社会において知恵が継承されていないこと、3つ目は、多様な自由を一挙に可能にする術はないということだ。

現代社会において僕たちが閉塞感を抱くのは、形骸化した仕組みのなかで立ち往生し、不自由な息苦しさの中にいると感じてしまうからだろう。これは世界中のどこにおいても見られる傾向と言えるが、僕は特に現代日本において顕著に現れていることだと思う。この状況において生じているのが「分断化」だ。

Aさんは靴をつくり、Bさんは野菜をつくり、Cさんは工場で製品をつくるというように、社会は、1人ではできないことを他の人と「分業」することによって成り立っていることは誰もが知っていることである。しかし、この分業ということが、社会の分断化を極度に推し進めるところまで来てしまったのが、現在僕たちが生きている社会である。

昔、分業化について研究した社会学者エミール・デュルケムは、『社会分業論』[27]という本のなかで、こんなことを言っている。

「分業の真の機能は二人また数人の間に連帯感をつくることである」

また、こんなことも言っている。

「分業の最も著しい効果は、分業が分化された諸機能の能率を高めているということではなく、それら諸機能を連帯的にしているということである。」

「分業の役割は、現存の社会を美しく改善することであるばかりではなく、社会（連帯的諸機能なくしては社会は存在しないであろう）を可能にすることでもある。」

つまり、分業している人同士に「連帯感」が生まれると、デュルケムは言っているのである。

これを聴いて多くの人はあまりピンと来ないだろう。むしろ、僕たちは、分業の結果、人々が分断し、切り離されていると感じているのではないか。それなのに、連帯が生まれるというのはどういうことなのか、と疑問に思うに違いない。

実は、デュルケムは、「分業化」が起きた当初の話をしていた。「分業化」が最初になされたとき、「僕はこれをやるから、あなたはそれをやってね」「あなたがそれをやってくれて本当にありがとう、そのかわり僕はこっちをやるね」というような「ありがとうの連鎖」が生じた。

しかし、「分業化」が起きた過程を知らず、時代が経ち、生まれてこのかたずっと分業が当たり前の世界になってくると、分業された仕事は、高度化し、専門化してゆく。そうすると、分野外の人（アマチュア）はいっさい理解できず、それぞれの領域が大きな壁に囲まれ、隔てられた世界の中に閉じこめられていく。以後、完全に縦割りの壁の中でそれぞれの分業化された仕事が再生産されることになるのだ。

こうなると、連帯は消えてしまう。「分業化」した時点では連帯が生まれたのに、「分業」が当たり前になった段階では、専門分化が深まり、分断・隔絶がもたらされる。これは日本のさまざまなところで起きている問題の根本にあると言えるだろう。そして、この壁による分断・隔絶が、専門外のことには口を出せない閉塞感と、業界内の不正の温床と利益誘導、そして、そのような専門分野に対する不信、さらには、他者への不寛容へとつながっていると思われる。

創造実践を行う複合としての自分

では、こうした現状のもとで、僕たち自身が変わってゆくには、どんな視点を持ったらよいのか。僕は、僕たち一人ひとりを、個人individualとして統一された不可分の「主体」だと捉える考え方の限界に来ていると考えている。

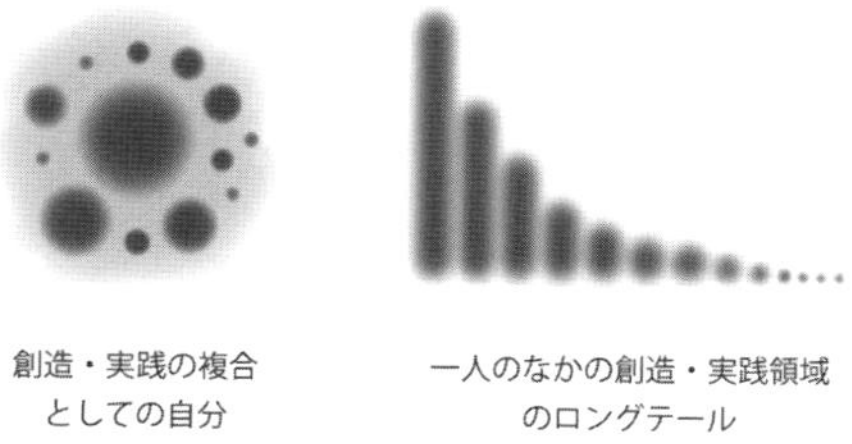

図3-1：いろいろな創造実践をしている複合としての自分

一人ひとりを、分割不可能なひとつの原子（アトム）のように捉えるのではなく、「いくつもの創造実践を行っている複合」として捉える見方の方が自然で、よりよいと思う（図3-1）。例えば僕の場合、大学の仕事では新しい知を生み出す研究をし、授業をして教育にも携わっている。家では、料理や家事をしたり、子どもに親として関わったり、庭で野菜をつくったり、本を書いたり、絵を描いたり、音楽を演奏したりと、いろいろなことをしている。平野啓一郎さんが「分人《ぶんじん》」ということを言っているが、[28] 力点こそ異なるが、そういう話に通じる話であると思う。

本当はいろいろなことをしているのに、仕事として行っているたったひとつのことだけを「専門」として捉え、ほかのことは、「趣味」と呼んだり、生活上に必要な「雑事」だと捉えてしまいがちではないだろうか。仕事になるということだけが偉いわけではないはずである。わかりやすい大きなひとつだけを取り出して、それで全体のラベルにしてしまう、そんなことが起きているのが、今の時代だろう。

昔の「百姓」は、単なる農家ではなく、いろんなことができる人のことを意味していた。いまでも、本当は、僕たちはいろいろなことができるし、実際にやっているのだ。

「二枚目の名刺」で「副業」ということが言われるようになったが、何も二つに限定する必要はないし、仕事になるものだけに限定する必要もない。いろんな創造実践をしているということの複合が、自分であると捉えるのだ。そのうちのいくつかが、収入につながり、暮らしを支えているだけなのだ。

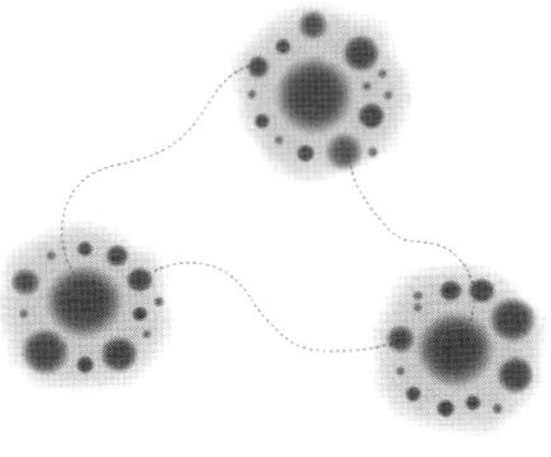

創造・実践の領域間の協業

図3-2：これからの社会協業・社会共創の姿

自分のなかに、どのような創造実践が含まれているのかは、人それぞれ、違う。その組み合わせこそが個性と呼び得るものだろう。

さて、そういういくつもの創造実践の複合としての人が集まると何が起こるか。1人では高度なことができないことでも、複数人で集まって、それぞれの創造実践の力と経験を持ち寄ることで、1人ではなし得なかったことを行うことができる。これがコラボレーション（協業）ということである（図

3-2)。そうやって、物事に取り組んでいけば、つながりと交流が生まれ、仲間もできる。これが、分断・隔絶されてしまった時代における連帯の紡ぎ方だと、僕は思う。つまり、デュルケムの時代の「社会分業論」に対して、僕たちの時代の「社会協業論」、もしくは「社会共創論」こそが重要なのだ。

しかも、自分が持っている小さな創造実践の経験は、それを本格的にやっている人に対するリスペクトの気持ちを生む。例えば、たかだか小さなスペースで家庭菜園をしているだけだとしても、自分で野菜をつくる経験をすれば、農家の人の思いや大変さがわかるようになる。自給自足とは程遠く、ほんの少ししか育てられていないとしても、それがあれだけの量になれば、どのくらい大変かがイメージできるようになるのである。

このように、その専門の内側から共感的に捉えられるようになる。これは、壁の外から文句を言っているような態度とは全く異なる、よい未来をつくっていくことにつながる姿勢である。さらに、共感しているだけでなく、実際に関わっていくこともできる。野菜を育てるということはこういうことか、とわかった後に、農家の手伝いをしてみたり参加してみたりすることもできるだろう。こうすれば、実際に連帯が育まれ、一緒につくっていくことができるようになる。

自由な創造実践を支えるパターン・ランゲージ

さて、創造実践の複合としての自分というものを、これまで、ある時点でのスナップショットとして見てきたが、ここからは、その変化・成長ということを見ていきたい。つまり、いま自分を構成している創造実践の要素は、いまの時点でのものであり、それらは増やしたり、強化していったりすることができる。

誰でも、すごく小さいことも含めた「やりたいこと」がたくさんあるはずだ。多くの場合、「自分には無理」とか「難しそう」と思って躊躇してしまっているわけだが、それでも、そうでなければやってみたいことはいろいろある。例えば、ギターで弾き語りしてみたいとか、曲もつくってみたいとか、何かのデザインをしてみたいとか、自分の地域をよりよくすることに参加してみたいというように。でも、経験がなさすぎて、うまくいく気がしない。

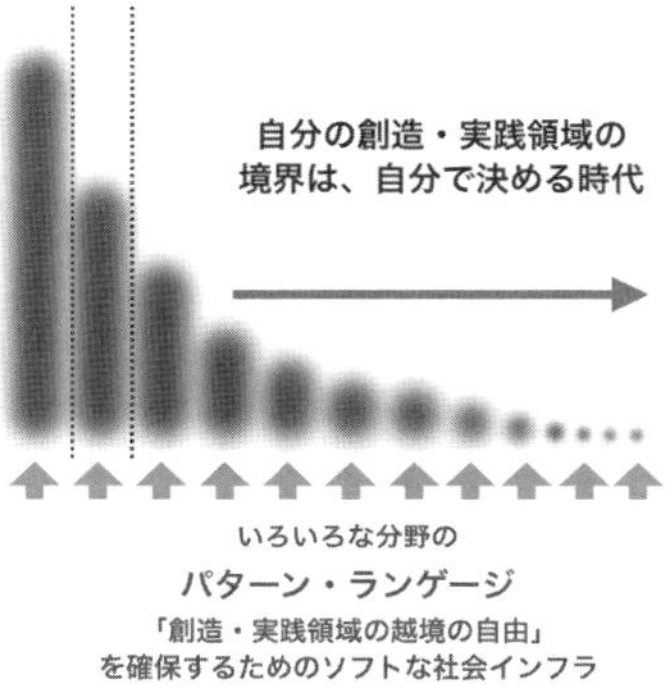
自分の創造・実践領域の
境界は、自分で決める時代
いろいろな分野の
パターン・ランゲージ
「創造・実践領域の越境の自由」
を確保するためのソフトな社会インフラ

図3-3：パターン・ランゲージはいろいろな創造実践を下支えする

そんなときに、一歩踏み出せるように下支えしてくれるのが「パターン・ランゲージ」というものである。[29]僕が日々研究し、つくっているものだ。この本はジェネレーターに関する本なので、パターン・ランゲージについては多くは語らないが、少しだけ触れておこう。パターン・ランゲージは、「良い」ものをつくるための感覚と方法を共通言語にして、みんなが実践してゆけるようにする言語のことである。

僕たちは、これまで10年以上かけて、対話[30]、プレゼ

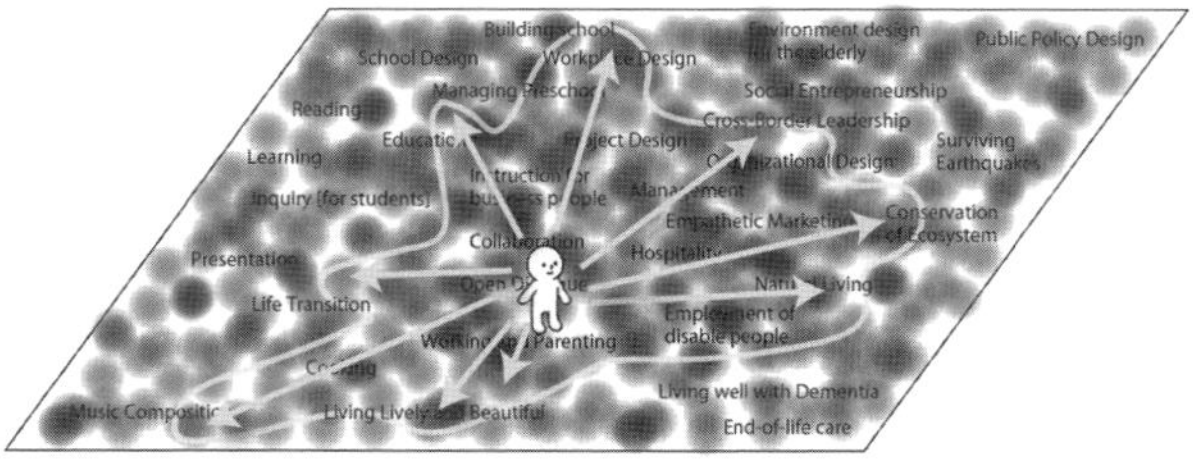

図3-4：パターン・ランゲージは創造実践の自由を高めるソフトな社会インフラになる

ン、[31] 創造的な学び、[32] 探究学習、[33] 読書、[34] 教育、[35] 進路選択、[36] コラボレーション、[37] 企画、[38] おもてなし、[39] ミドルリーダーの実践、[40] 認知症とともによりよく生きる、[41] ケアと場づくりなど、[42] 70種類ほどのパターン・ランゲージをつくってきたが、それでも人間の創造行為の広がりからすればまばらである。しかし、今後、もっとパターン・ランゲージをつくってゆくことで、人はもっと自由にいろいろな実践ができるようになるだろう。パターン・ランゲージとは、創造社会におけるソフトな社会インフラなのだ（図3-3、3-4）。こうしたインフラが整備されることで、どこまでを自分でやるかを自分で決められるようになり、創造社会に移行しやすくなると僕は考えている。

創造のコラボレーションを促進するジェネレーター

みんながそれぞれ自分のやりたい範囲、やれる範囲でつくり始め、コラボレーションすると、チームでのコラボレーションだけではなく社会的なコラボレーションが可能になってくる。次の図は、オープンソースである、リナックス（Linux）とかウィキペディア（Wikipedia）の編集において、みんながどうコラボレーションしているかを可視化したコラボレーション・ネットワークである（図3-5）。

こうした共創（Co-Creation）があちこちで立ち上がるようになって、社会問題を解決し、ともにあたらしいかたちを生み出す創造社会へと変容してゆく[43]（図3-6）。ウィキペディアの記事だ

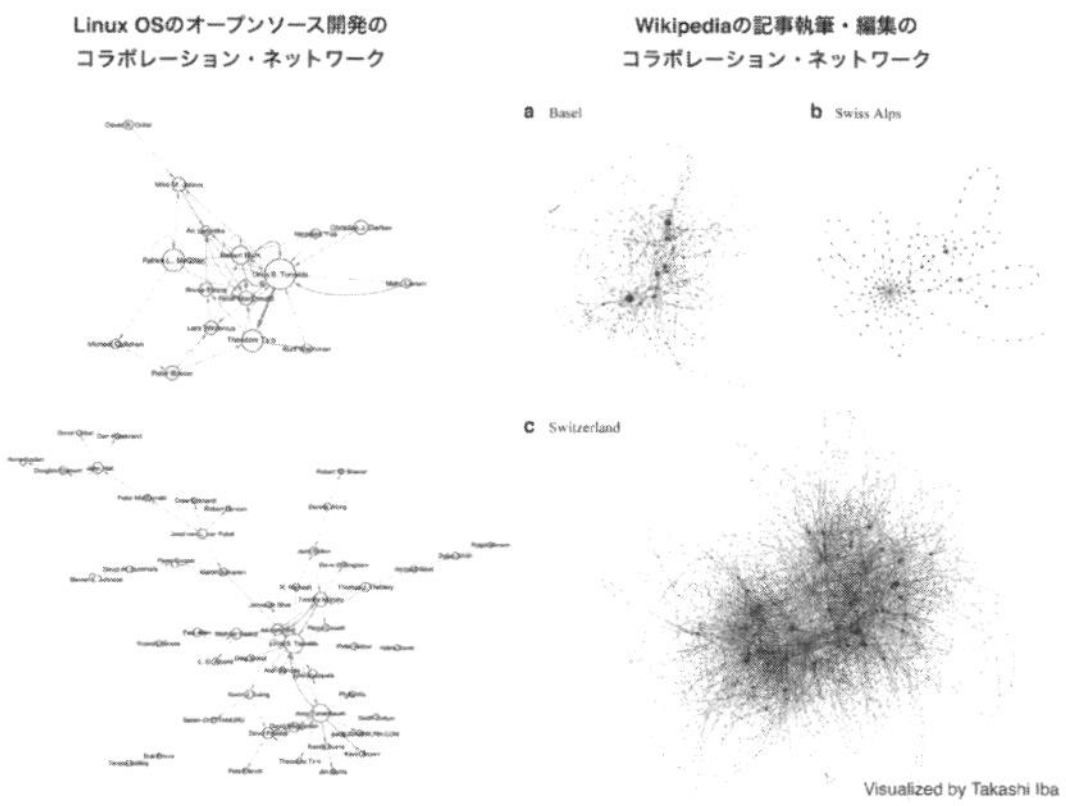

図3-5：不特定多数の人たちが参加し創造する共創ネットワーク

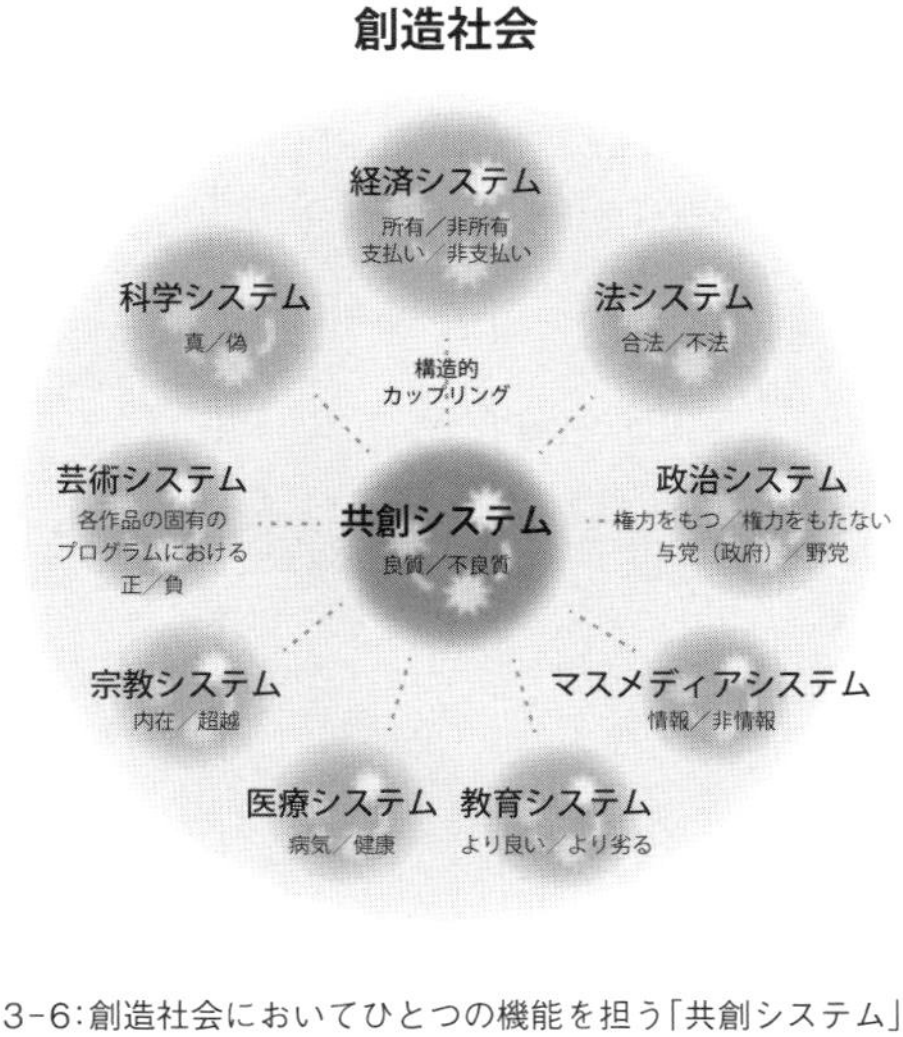

図3-6：創造社会においてひとつの機能を担う「共創システム」

けではなくて、他の領域においても、みんなで編集しあい、一緒につくってよりよくしてゆくようなコラボレーションがあちこちで起こる。地域のことも、外交問題も、食べ物をどうつくり、どう届けるかということも、みんなでコラボレーションしながらつくってゆくことが可能になる。このときにジェネレーターは、つくるコラボレーションを促進する役割として社会的にとても重要になってくるのである。

形骸化した仕組み・制度をつくりなおすためのパターン・ランゲージとジェネレーター

続いて、戦後つくられた仕組みがボロボロで形骸化しているのにもかかわらず、今の社会をどうして変えられないのかという問題に移ろう。僕たちは、これまでこのやり方でうまくいったという過去の成功への幻想を相変わらず抱き続け、新しい社会へとつくりなおすことを回避、封印してきた。お金・時間・労力というコスト面を考えて二の足を踏んでいる部分がある。

また、今いる社会は、前の世代の、それも一部の人がつくったもので、僕たちの大部分はつくった経験がなく、そもそもつくり方がわからないので、ますます社会変革にブレーキがかかる。こうなるとそのまま古い制度・仕組みにがんじがらめになったまま、そこから抜け出せなくなる。学校制度はその最たる例であろう。学校はこういうものだというイメージから抜け出せず、嫌だけど変えられないと思い込んで、動けない。だから変わらない。

僕たちはこのまま惰性でただ悪化してゆく道をひたすら進むのか、制度・仕組みをつくりなおす「創造社会」の道を進むのかという分岐点にいる。創造的なコミュニティ・社会をつくるには、創造実践を可能とする共通言語、実装するための実践言語、そして創造を生成促進する人がセットで必要になってくる。それがパターン・ランゲージであり、ジェネレーターなのだ。

プラグマティズム型の創造的民主主義の時代

創造社会になると民主主義のあり方も変わってくる。100年ほど前、哲学者のジョン・デューイは、民主主義とは、一人ひとりが実験していける社会だと言った。デューイはそれを、「創造的民主主義」（クリエイティブ・デモクラシー）と呼んだ。

政治学者の宇野重規さんは、デューイの言うようなプラグマティズム型の民主主義の重要性を指摘している。各個人が人生をかけて自分なりに試してみて、その結果を共有しあうことで、社会によいことが広がっていく。

宇野さんは『民主主義のつくり方』[44]という本の中で、多様な経験を繰り返すことで、人々は習慣を形成していき、その中で意味のある習慣だけが生き残って定着するという形で、個人から集団、社会へと継承されてゆくと述べている。したがって、民主主義においても、「行為を通じて相互に影響を及ぼし、社会全体のダイナミズムを生み出していく過程」が重要だということになる。つまり、政治制度としての民主主義ではなくて、習慣が伝播し、みんなで民主的な社会をつくっていくことが、プラグマティズム型の民主主義なのだ。代議制で政治的に決めるということではなくて、いい行いが伝播して広がってゆくから社会がよくなってゆくという「あり方」を目指しているのである。

宇野さんがその事例として取り上げるのは、病児保育のNPO法人フローレンスの駒崎弘樹さんである。駒崎さんは、社会問題の解決の仕方を自ら実際に示してみることでみんなが真似しようとする流れをつくろうとしている。やりながら、広めて、つくり直してゆく、プラグマティズム型民主主義の実践者として紹介されている。

パターン・ランゲージは、まさにプラグマティズム型民主主義を支えるメディアであり、ジェネレーターは、プラグマティズム型の民主主義における実験のきっかけをつくり、自ら率先して動く人だと言える。

プラグマティズムの哲学者であり、教育学者でもあるデューイは、学校こそ民主主義の感覚を育むための民主的な場であり、またそうすべきだと考えていた。将来、何かができるようになるために知識を得たり、スキルを高めるのではなく、学校そのものが民主的な社会の実験場にならなければならないと言ったのだ。[45]

プラグマティズム型の民主主義社会においては、そのひとつの実験場である学校の教師がジェネレーターであるとともに、社会のさまざまな場所でジェネレーターが求められることになる。

社会を変える方法――ヴォイスとイグジットから、ジェネレートとリフレームへ

かつて開発経済学者のアルバート・ハーシュマンは、組織や社会を変える方法には、基本的には、ヴォイス（Voice：発言）とイグジット（Exit：離脱）という2種類のやり方があると言った。[46]

ヴォイスは声を上げるということ、つまり発言することである。政治のあり方に抗議するためにデモしたり、自分の組織の長にクレームを言ったりして、「もっとこうしてもらわないと困る」と、告発の声をあげるのがヴォイスだ。このような分野では、何かの制度や政策が気に食わないからといって、他の国の国民になるということは難しく、それゆえ、ヴォイスするしか方法はない。

イグジットとは「離脱する」ということ。経済の場合、すぐにイグジット＝離脱することが起きやすい。例えば、ペットボトルのお茶を買って、あんまり美味しくないと思ったら、次からは違うメーカーのものを買うだろう。あるブランドの商品がイグジットされて買われなくなれば、売上が下がるので、メーカーはその原因を探り、商品を改良したりするだろう。このように、経済においては、消費者がイグジットするというかたちで変化への働きかけが行われる。経済の場合、買う商品やブランドを簡単に変えることができるため、好きではないくらいでは（欠陥があるなどではない場合には）、わざわざ提供元にクレームを言ったりすることはなく、イグジットが起きやすい。

政治分野ではヴォイスが起きやすく、経済分野ではイグジットが起きやすい。開発経済学者のハーシュマンは、政治と経済の両方の関わりについて研究するので、このような2つの手段を比較可能なかたちでモデル化し、社会の変革について考えた。これをヴォイス－イグジットモデルと呼ぶことにしよう。

それでは、今の日本はどうだろうか。政治的なデモに参加する人も増えてきたので、以前よりもヴォイスが増えてきたとはいえ、まだまだ政治や組織をよりよくするために声を上げるということは少ないかもしれない。あるいは、自分が勤める会社がいまいちでも、労働市場がそれほど流動化していないこともあり、イグジットはせずに留まることが多いのではないだろうか。そうなると、ヴォイスもイグジットもあまり機能していないように思う。

それでは、どうしているかというと、ヴォイスしないでコンプレイン（Complain：愚痴）し、イグジットせずにイグノア（Ignore：無視）しているという状況ではないだろうか。どちらも、問題となっていることそのものには、何の変革ももたらさない。閉塞的で鬱屈的な状況だと言える。

このような日本の閉塞状況を打ち破り、創造社会を実現するために必要だと僕が考えているのが、ジェネレート（Generate：生成）とリフレーム（Reframe：捉え直し）である（図3-7）。ハーシュマンのヴォイスとイグジットに変わり、ジェネレートとリフレームこそが、これから社会を変えていくための重要な手段になるのだ。

現状においてヴォイスが起きにくいのは、発言・告発したところで、それをまともに取り上げてはもらえないという諦めが蔓延しているからだ。ブラックホールのような政治、隠蔽体質の組織、そういう場でどれだけ発言しようが、変えてくれる見込みはない。ふりかえって考えると、ヴォイスというのはとても、他人任せの変革であったことに気づく。

　これからの創造社会は、そうではない。声を届けて誰かに変えてもらうのではなく、自分たちで変えていくのである。これが、ジェネレートだ。アイデアをジェネレート、つまり、アイデアをどんどん生成・連鎖させていくのである。「頼む、変えてくれ！」ではなく、「こうしたらよいのではないか？」「なるほど、それならこういうやり方もあるね」「いいね、さらにこれもできそう」とどんどんアイデアを出してつなげていく。これが、ジェネレートだ。このようなジェネレートは、リアルに対面して行われるコラボレーションだけでなく、インターネットで遠く離れた多数の人たちと非同期に行われるコラボレーションも活発に行われるようになるだろう。

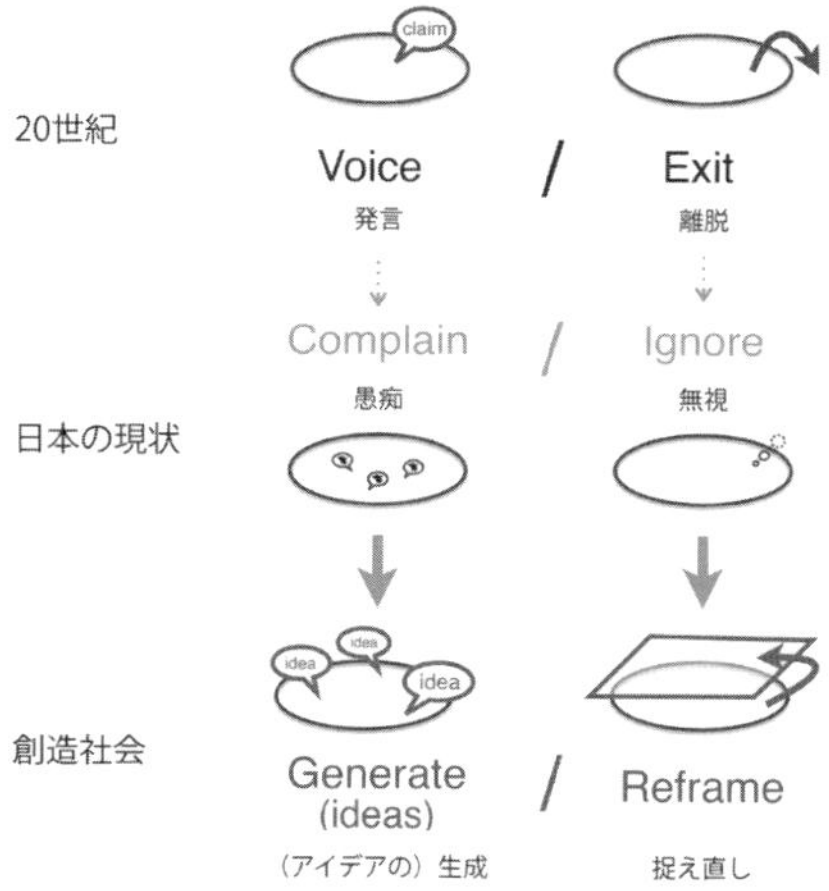

図3-7：ハーシュマンのVoice/Exitと、創造社会のGenerate/Reframe

そして、現状においてイグジットが起きにくいのは、どこも似たようなもので、イグジットしてもたかが知れているからである。また、グローバルな社会問題として、地球が温暖化で住みにくくなったからといって、地球からイグジットするなんてこともできない。イグジットがうまく機能しないのである。

それであれば、いまあるものの別のものに移るのではなく、新しいやり方や新しいあり方をつくって、そこに移行すればいい。これは、現状からのイグジットではあるが、ハーシュマンが想定したような、横移動のイグジットではなく、現状にもう一レイヤー加えた上で、そこに移動するのである。その場の意味を捉え直すことによって、まったく新しい場として再定義してしまう。そういうことが、イグジットに変わるリフレームだ。

このようなジェネレートとリフレームをどんどん巻き起こしていくために重要となるのが、ジェネレーターなのだ。例えば、学校にジェネレーター的教師が集まることで、いろいろなアイデアをみんなで出しあい、その中に入り込み、同じプロジェクトの参加者として一緒にアイデアを出して盛り上がり、発見の連鎖をジェネレート＝生成し続ける。すると、ただの学校ではなくなってしまい、なんだかすごくワクワクする実験場のような場にリフレームされる。そういうことが、ジェネレートとリフレームによる変革だ。

自分たちで自分たちの課題を解決し、よりよくするためのジェネレーター

最後に、多様な自由を認める社会では、そこで生じる問題を一挙に解決するような術はない、という話をしたいと思う。今は、多様性が認められ、自由であるのはよいことだという時代である。実際、それが実現されるということはよいことだ。しかし、多様で自由ということになると、社会の複雑性が圧倒的に増大する。

みんなが均一・画一であるという想定（幻想）に基づいている時代であれば、一般的な方法で一気に解決というアプローチも取れたかもしれない。また、自由をある程度制限するというやり方でよいなら解決する方法は見つかるだろう。ところが、多様な自由を確保するためには、一般的なやり方で一挙に解決する方法は望めない。しかも、非常に多様な個別の問題を解決してくれる万能のスーパーヒーローも現れない。したがって、創造社会においては、自分たちで自分たちのやりたいことを可能にし、自分たちで自分たちの問題を解決することが必要になる。

例えば、自分の住む地域の課題をどうするかというときに、どこかの誰かがやってきて、解決してくれるなんていうことは望めないのだ。自分たちで考えてゆくしかないのである。自分たちの学校や会社のこれからをどうしてゆくかということも、凄腕のコンサルタントがやってきて、ある万能モデルを提示してくれて、それで解決というわけにもいかない。それぞれの状況に合わせて、自分たちなりに、自分たちでよりよくしてゆくしかない。一人ひとりが創造的でないと、サバイバルできない。これが創造社会のシビアな面である。

創造社会には、自分でいろいろつくれて豊かに生きられるという面と、さまざまな複雑な問題や解決困難な状況に直面して生きるという面との両面がある。だからこそ、ジェネレーターの役割はとても重要であり、単に盛り上げ上手な道化ではない。これからの社会を本当の意味で変えていく要となる、時代の要請によって出現した役割なのである。

これまでのティーチャーやファシリテーターという役割に加えて、なぜジェネレーターになる必要があるのかということを言われることがあるが、事態はもっと深刻である。ジェネレーターが増えて、創造的な動きをあちこちで起こしていかないと社会が立ちゆかないところまで追い込まれているのである。

これまでの話をまとめると、極度に分業された状況から脱却し、アマチュアでありながらみんなでコラボレーションしてつながってゆくには、分断された壁を壊し、つないでゆく存在が必要だということ。応急処置・対症療法ばかりではなくて、本質的解決をともにしてゆく仕掛けが必要だということ。さらに、創造する経験を継承できるやり方や人が必要であること。そのためにパターン・ランゲージやジェネレーターが必要だということ。多様な自由を一気に可能にする術はないので、あちこちで自分なりに問題を解決したり、新しいものやビジョンを生み出したりすることが必要だということ。そのためには、教育現場だけでなく、家庭にも、地域にも、会社にも、いろいろな場でジェネレーターが不可欠なのである。

「大きく」「一気に」ではなく、「小さく」「じわじわ」ジェネレート

とはいえ、いきなり自分の属する組織全体をジェネレートするのは難しい。例えば、いま、井庭研究室には約40人のメンバー(学生)がいるが、ジェネレートし合える組織をつくるのは大変である。いきなり40人をジェネレートするというのは無理な話だ。やはり、小さいチームを単位としてジェネレートし合えるようにして、その小さな仲間で経験を積んで全体でもジェネレートする人が育つようにするという道しかないと感じている。

組織の流れを潤滑にすることは、「ファシリテーター」の役割であろう。ジェネレートする場面は、「大きく」「一気に」ではなく、「小さい」ながらも「じわじわ」とつくり続ける場と仲間をつくるところにある。ジェネレーターらしい場の盛り上げ方にふさわしいサイズを守るというのも大事なことと言えよう。

そして、ジェネレーターになりたい人、変わりたい人から動いてゆくしかない。小さい集まりがそれぞれ動き始めて、アメーバのようにくっついたり、離れたりしながら増殖してゆくのである。そうやって、徐々に伝播し、広がっていくことで、デューイのプラグマティズム型民主主義のように、組織・社会は変わっていく。一つひとつは小さく弱いものであっても、それぞれがそれぞれのやり方で続ける。こうした創造的民主主義のあり方は、ジェネレーターシップを追い求めることで見えてくるような気がする。

「小さく」「じわじわ」始まるからといって、それがもたらす変化は小さくはない。むしろ、共鳴する仲間が根本から変わる根源的(ラディカル)な変化だからこそ、革新的(ラディカル)な変化になる。

ひたすら「愚」直に「つくる」道を歩むのがジェネレーター

ジェネレーターは、ニコニコして、楽しそうだし、元気なので、他者からは、自分のアイデアに満ちあふれ、自信満々のように見えるかもしれない。しかし、決してそんなことはない。ジェネレーターの素晴らしさは、社会的ステータスや肩書きを持たず、何かに守られていない、強者ではない立場でありながら、今を生き生きとしていられることなのだ。

何かを発見して、そこから仮説をつくり、アイデアをつくるのを面白がり続け、自然の中を歩いたり、ネコや鳥や虫や花たちと対話して俳句をつくったりして、ジェネレーター人生を歩んできたからこそ、社会関係に疲弊することがないのである。多少社会を斜に構えて見てしまう反骨精神があるのは間違いないが、それ以上に、大いなる世界に包まれている感じがして、人だけの世界でなにか嫌なことがあっても、そんなこともあるさと、どこか吹っ切れているのだ。

できないことや欠けている部分があっても、「愚」直に自分なりに「つくる道」を歩むのがジェネレーターシップの「あり方」。「つくる道」は決して一直線で淡々とは進まない。失敗したり、考えが出なかったりして凹んだとき、なんとか元気で乗り越えられるのは、不確定で、あいまいで、見通しが立たないのが創造においてはデフォルトだと思えるからだと、つくづく思う。

ジェネレーターは、創造社会において、小さな創造実践を自らすることによって解放されるというメッセージを身をもって伝えているといえるかもしれない。そこでのクリエイションは、革新的な発明をするとか、画期的な製品をつくるとか、偉大な科学的発明をするというような、天才によるレアな創造という意味での「ビッグC」（大文字）の「Creation」ではない。それはもっと日常的でありふれている「スモールｃ」（小文字のｃ）の「creation」だ。しかも、「クリエイティビティ」（創造性）という性質・能力の話ではなく、「クリエイティブである」というあり方の話なのだ。

ウィズ・コロナの時代になって、自分の暮らしや環境を自分でつくり出さざるを得ない状況になっていることをひとつの機会として、自分の周辺から始めていこう。これまでの当たり前をそのまま延長できなくなった今だからこそ、改めてつくり直すよい機会なのだ。なんでもないときに、それまでのあり方を「変える」ということは、なかなか難しいが、今は変えざるを得ないのだから、ポジティブにその機会を捉えるとよいのだ（ほら、リフレーム＝捉え直し、って重要でしょう？）。

何かを自分でつくるのは、時間も手間もかかるし、面倒くさいかもしれない。反面、思いきって常識を手放せば、自分らしい生き方ができる。1人で頑張らなくていい。弱みも見せていい。むしろ素になって、さらけ出すからこそ創造のコラボレーションに没入できる。その時に必要なマインドセットがジェネレーターシップなのである。

人間関係を超えた自然・創造・ファンタジーの世界へ飛び出ること

宮崎駿さんと養老孟司さんが、『虫眼とアニ眼』[47]の対談のなかで、学校で書かれた子どもの作文を見てゾッとしたというエピソードについて語っているところがある。ゾッとしたというのは、子どもたちが書いた作文には人間関係のことばかりが書かれていて、人間関係の社会のなかにしか生きていないという現状に対してだった。人間関係の社会の外側には、自然も含めた世界があるのだが、そこへの眼差しや実感が損なわれてしまっている。そんなことだから、いつも人間関係にばかり気を遣っていて、みんな息苦しくなるし、いじめも生まれ、学校に行きたくなくなるというようなことになる。

僕は庭で一年中、いくつもの野菜を育てているが、そうすると、植物だけでなく、虫や土や風にも接し、日々、自然を感じている。本来、こういう自然というもののなかに、人間は生きているのである。人間関係に疲れると、庭に出て手入れをする。それはとても豊かな世界との関わりとなり、自然のなかに生きる生物としての自分を取り戻すことができる。

養老さんは『「都市主義」の限界』[48]という本のなかでもこういうことを言っている。都市主義にどっぷりはまってしまうと、道路に穴が開いていてそこにつまずくと、この道路を管理したやつは誰だ、何かを落としてこの穴を開けたのは誰だと、責任追及が始まる。すべてが人工物に囲まれていると、誰がつくり、誰が引き起こしたかと言う責任の所在を求めることができると思ってしまう。しかし、田舎道で、ただの土の道に穴が開いていて、転んだとしても、「馬鹿だね、気をつけなきゃだめでしょ」「いつできた穴なのかねえ」というように、誰が悪いというような話にはならない。実は、こうした人間の制御を超えた自然の世界こそ本当に人間の生きている世界なのに、すべて人間関係の網の目の中で、責任が問われる社会になっている。その象徴である「都市」的な世界観・思考の限界を養老さんは指摘しているわけだ。

自然の世界と同様に、創造の世界、ファンタジーの世界といった人間関係の社会を超えた「世界」が僕たちの周囲には広がっている。こうした世界での創造プロセスへ一緒に没入して生きようと誘うのがジェネレーターなのである。

第2部では、こうして生まれたジェネレーターとはどういう役割を果たすのかについて深掘りしてゆきたい。

20 井庭崇 編著、宮台真司、熊坂賢次、公文俊平、『社会システム理論―不透明な社会を捉える知の技法』、慶應義塾大学出版会、２０１１年。
21 井庭崇 編著、中埜博、江渡浩一郎、中西泰人、竹中平蔵、羽生田栄一、『パターン・ランゲージ―創造的な未来をつくるための言語』、慶應義塾大学出版会、２０１３年。
22 井庭崇 編著、鈴木寛、岩瀬直樹、今井むつみ、市川力、『クリエイティブ・ラーニング―創造社会の学びと教育』、慶應義塾大学出版会、２０１９年。
23 井庭崇、『コロナの時代の暮らしのヒント』、晶文社、２０２０年。
24 ダニエル・ピンク、『ハイコンセプト―「新しいこと」を考え出す人の時代』、三笠書房、２００６年。
25 井庭崇、古川園智樹、「創造社会を支えるメディアとしてのパターン・ランゲージ」、『情報管理』、Vol.55, No. 12, pp.865-873、２０１２年。
26 井庭崇 編著、宮台真司、熊坂賢次、公文俊平、『社会システム理論―不透明な社会を捉える知の技法』、慶應義塾大学出版会、２０１１年。
27 E・デュルケム、『社会分業論（上）（下）』、講談社、１９８９年。
28 平野啓一郎、『私とは何か―「個人」から「分人」へ』、講談社、２０１２年。
29 井庭崇 編著、中埜博、江渡浩一郎、中西泰人、竹中平蔵、羽生田栄一、『パターン・ランゲージ―創造的な未来をつくるための言語』、慶應義塾大学出版会２０１３年。
30 井庭崇、長井雅史、『対話のことば―オープンダイアローグに学ぶ問題解消のための対話の心得』、丸善出版、２０１８年。
31 井庭崇＋井庭研究室、『プレゼンテーション・パターン―創造を誘発する表現のヒント』、慶應義塾大学出版会、２０１３年。
32 井庭崇＋井庭研究室、「ラーニング・パターン―創造的な学びのためのパターン・ランゲージ」ブックレット&カードセット、クリエイティブシフト、２０１７年。
33 「探究パターン―創造的な探究のためのパターン・ランゲージ」、クリエイティブシフト、２０１９年。
34 「Life with Reading - 読書の秘訣―創造的読書のパターン・ランゲージ」、有隣堂、２０１９年。
35 「アクティブ・ラーニング支援パターン」、クリエイティブシフト、２０１９年。
36 「ミラパタ（未来の自分をつくる場所―進路を考えるためのパターン・ランゲージ）」、クリエイティブシフト、２０１９年。
37 井庭崇＋井庭研究室、「コラボレーション・パターン―創造的コラボレーションのためのパターン・ランゲージ」ブックレット&カードセット、クリエイティブシフト、２０１７年。

38 井庭崇、梶原文生、『プロジェクト・デザイン・パターン―企画・プロデュース・新規事業に携わる人のための 企画のコツ32』、翔泳社、２０１６年。
39 井庭崇、中川敬文、『おもてなしデザイン・パターン―インバウンド時代を生き抜くための「創造的おもてなし」の心得28』、翔泳社、２０１９年。
40 井庭崇、秋田喜代美 編著、野澤祥子、天野美和子、宮田まり子、『園づくりのことば―保育をつなぐミドルリーダーの秘訣』、丸善出版、２０１９年。
41 井庭崇、岡田誠 編著、慶應義塾大学 井庭崇研究室、認知症フレンドリージャパン・イニシアチブ、『旅のことば―認知症とともによりよく生きるためのヒント』、丸善出版、２０１５年。
42 金子智紀、井庭崇、『ともに生きることば―高齢者向けホームのケアと場づくりのヒント』、丸善出版２０２２年。
43 井庭崇、「創造社会における創造の美―柳宗悦とクリストファー・アレグザンダーを手がかりとして」、宇野常寛責任編集、『モノノメ』創刊号、PLANETS／第二次惑星開発委員会、２０２年。
44 宇野重規、『民主主義のつくり方』、筑摩書房、２０１３年。
45 J・デューイ、『民主主義と教育〈上〉〈下〉』、岩波書店、１９７５年。
46 A・O・ハーシュマン、『離脱・発言・忠誠―企業・組織・国家における衰退への反応』、ミネルヴァ書房、２００５年。
47 養老孟司、宮崎駿、『虫眼とアニ眼』、新潮社、２００８年。
48 養老孟司、『「都市主義」の限界』、中央公論新社、２００２年。

Generator

Generator

第2部

ジェネレーターの役割

Episode 04

なりゆきをつかむ――GRASP――

ジェネレーターという「あり方」の発見

市川 力

ジェネレーターという発想の原点となったプロジェクトのやり方

ジェネレーターの原点は2009年に出版した私の著書『探究する力』[49]にあった。この本で私が取り上げた小学生のプロジェクトは、子どもたち自身が見つけたテーマに取り組むものではなかった。私を含め、スクールのスタッフが、子どもたちに学んでほしいミッションを決め、天から降ってくるように手渡すやり方だった。さらに、一人ひとりが追究したいテーマを選ぶやり方でもなかった。4〜6人の小グループで、子どもたちから「おっちゃん」と呼ばれていた私もプロジェクトメンバーとして一緒に加わった。

このやり方は、主に学校の先生方から、学び手が課題を選んでいないから「自主的探究」とは言えないのではないか、そして、「おっちゃん」と呼ばれる大人が介入しすぎではないかと当初は懐疑的に受けとめられた。

「ジェネレート」とは子どもを駆り立てること

『探究する力』には、「ジェネレート」という言葉がすでに使われていた。この時、子どもを駆り立てることを「ジェネレートする」と考えていた。探究するときに子どもを「つかむ」ために大事な要素を「つかむ」の英語「GRASP」と掛けて説明した。「GRASP」の最初の「G」が、「Generate」の頭文字の「G」だった。ちなみに「P」は「Participate」の頭文字。エピソード1で井庭さんが述べたように、当初「Generator」ではなく「Generative Participant」と呼ばれていたわけだが、その2つの要素が「GRASP」には含まれていたのだ。子どもを駆り立てて、自分（＝大人）も一緒にプロジェクトに参加する。それがジェネレイティブ・パーティシパントであった。しかし、今でもそうだが、当時はなおさら、子どもの探究に大人がどっぷり入り込むことが理解できない人が多かった。

「好き」と「好奇心」の違い

なぜ、東京コミュニティスクール[50]（以下TCS。2004年に市川が設立に関わり、2017年春まで教育実践に取り組んだ小学生対象の全日制マイクロスクール）で、天から降ってくるミッションに、少人数で、大人も一緒に取り組むというやり方をしたのか。それは、子どもが好きなことをする、やりたいことを選ぶ、ということと好奇心を持つということは違うのではないかという問題意識があったからだ。

子どもに「好きなことを見つけてほしい」「好きなこと、やりたいことをやらせたい」という親の声をよく耳にする。しかし、好奇心とは、どんなものが来ようと何でも面白がることなのではないか。そんな思いがいつも胸の中を去来し、好奇心が開かれる場作りを目指すようになったのである。

「好奇心」を開くためにともにたくらむ

「好奇心」を開くには、みんなでともにたくらむことがカギを握る。個人がそれぞれのテーマを見つけて探究するのではなく、グループでプロジェクトを行う。その中に大人の私も没入してゆく。そんな関係が見事にこの写真（図4-1）に現れている。

この写真の子どもたちの顔がたくらみ顔だ。これこそグループで活動するときに重要なことではないか。まったくお勉強の感じがない。この輪の中に、大人の私も完全に入り込んでいる。

図4-1：おっちゃんと子どもたちが輪になってたくらもうとしている写真

たくらむ中で自然にジェネレートする「知識獲得」モード

これまでいろいろなプロジェクトに子どもたちとともに取り組んできた。いくつか例をあげてみると……自分たちの給食の食べ残しをきっかけに世の中のフードロスをなくす方法を考え実践してみること、身近な川の水や雨水を飲める水にする浄水器をつくってみること、多摩川の河原の石ころを集めると見えてくる石や川、地形などの物語を紙芝居にすること、自分にとってヒーローと思える存在を徹底的に調べ、そのヒーローになりきって語ること、地球に住めなくなった地球人が強いられる生き方についてのＳＦ劇をつくって上演すること、30年後おっちゃんの葬式に集まったという設定で子どもたちがおっちゃんの死を鏡にして自らの生を語る劇をつくること[51]（注・おっちゃんとは著者市川のこと）。

これらのミッションはすべてスタッフ全員でプランニング会議を行って考え、決めたもので、子どもが自ら選んだものではない。けれども、一緒に「たくらみ」、生まれた思いつきを実際に試したり、あちこち出かけたりして、追究してゆく流れの中で、熱く議論し、真剣に資料を読み込んで、発表する作品をつくるプロセスを通じてわれらごとになっていった。緊張感あふれる、ピリピリした場とは真逆。話して話して話しつくすことが止まらなくて、何度も修正を繰り返して、作品をつくりこみ、世の中に向けて発表しようという「たくらみ」を徹底的に面白がった。「たくらみへの没入」が自ずと新たな知識を獲得したいという気持ちを動かしたのである。

つら楽しいことを面白がる存在

この作業が「お勉強」になるか、それとも自分たちが世に向けて発表したい「たくらみへの没入」になるかの分かれ目は、われらごとになっているかどうかにかかっている。最初はやらされている感じだったのが、面白がり始めることでわれらごとに変わってくる。

「面白がる」というのはわざわざ面倒なことにのめりこむことだ。とりたてて楽しくもなく、心地よくもない。なんでこんなことをやらなきゃいけないんだというようなことなのに、やらずにはいられない。つらいんだけど楽しく感じてしまう。やがて子どもたちはこの状態を「つら楽しい」と呼ぶようになった。「つら楽しい」状況を率先して面白がり、子どもたちを駆り立てる存在。これがジェネレーターとしてのおっちゃんであった。

子ども「を」つかむのではなく、子ども「と」「見えないなりゆき」をつかむのが「GRASP」

ある保護者の方から、「おっちゃん」の「ジェネレーター」性は、「ジェネレーター」という語の意味のひとつである「発電機」と重なるとあっさり言われてしまったことがあった。「おっちゃん」が「発電機」となって自らぐるぐるモーターを回してエネルギーをつくり出し、周囲のものを光らせたり、熱くさせたり、動かしたりする。そんな存在が「ジェネレーター」というわけだ。この発電機理論を聞いて、『探究する力』において「子どもをつかむ＝GRASP」と書いたのはちょっと違うぞと気づいた。ジェネレーターという存在は、子ども「を」つかんで元気づけているわけではない。子ども「と」一緒に「見えないなりゆき」を「つかもう（GRASP）」としているのだ。どこに向かうかあらかじめ読めないなりゆきを追いかけるのはなかなか大変だ。そのときに率先して「発電」して面白がり、必死に手を伸ばして「GRASP」しようとする姿を見せている。すると、子どもにも「電気」が伝わって、みんなで「GRASP」し始めるのだ。

「GRASP」の「G」は「ガイド」すること

「GRASP」するために「Generate」するとなると「GRASP」の「G」は何なのか。実は「ガイド」の「G」ではないかと考えるようになった。こう言うと、子どもと一緒に取り組むときに、子どもの主体性を無視して、あらかじめ決まったゴールに誘導しているのではないかと思われるかもしれない。しかし「ガイド」とは「道標」に過ぎない。その「道標」通りに進むかどうかは見た本人が決める。したがって「ガイド」は相手を強制的に動かす力は持っていない。さらに行き先はいくつにも枝分かれし、「道標」があったとしてもどちらに行くのが正しいのかは「ガイド」すらわかっていない。

「ジェネレーター」は躊躇なく子どもたちに自分の面白い発見、アイデア、方向性を表明してしまう。進んだら面白そうな方向を「ガイド」するのだ。しかし、それは自分自身の好奇心がジェネレートされた結果を素直に表明しているだけで、それを実行するように迫るものではない。面白いのは、「こうじゃないか」とガイドされることでかえって相手が自発的に考え始めることだ。安易にガイドされた通りにうのみにするわけではない。「ガイド」の結果、相手もジェネレートする。そんな「ガイド」のあり方が見えてきたのである。

「Guide」したら「Release」 解き放ち、待つ

「ガイド」することは「G」の次の「R＝Release」につながっている。ガイドして介入するが、解き放ち、待つ。自分も一員となるプロジェクトなのだから介入しないわけにはいかない。ただコントロールはしないで待つ。

子どもと真剣勝負で仲間となれば、どんなに「おっちゃん」が介入し、ガイドしようと、簡単に子どもは「そうだ！その通りだ！」とは納得しない。いろいろ語り合った末にガイドした方向に進んだとしても思惑通りにはならない。かりに子どもが私のガイドした通りにせず、うまくいかなかったとしても、「だから言った通りにすればよかったのに」と責めることはない。また、私のガイドにすぐに反応しなくても全く構わない。「待つ」は「間つ」ことだと思っているので、すぐに何かが起こらず、「間」があいて、時間差が生まれるのは当然という気持ちがある。

「ジェネレート」のための「待つ・解き放つ」の本質は、同じ「ジェネ」という接頭辞で始まる「generosity＝ジェネロシティ＝寛容さ」と言えよう。自分が「ガイド」したことへの反応がす

ぐに起きなくてもよい。しばらく経って反応する時間差があるのが普通である。寛容な気持ちでとりあえず試してみようと「解き放つ」のである。

思いつき・発見を「A＝Accept」することで生まれる信頼感

「解き放つ」ことは次の「A＝Accept」とセットで考えないといけない。「Accept」は「受けとめる」ということだが、それは「拾う」ということでもある。一緒にプロジェクトに取り組むメンバーがなんとなく思いついたことを、切り捨てずに「拾う」。

そんなの関係ないだろうとか、意味ないのではとか、すぐにジャッジせず、まずはどんな思いつきも「拾って受けとめる」。自分の思いつきや発見が「Accept」されることほど相互の信頼感が生まれる関わりはないと私は思う。どんな発見もとりあえず「Accept」することで、誰かの顔色をうかがったり、正解を探そうとしたりする雰囲気が消えて、こんなこと言ったらおかしいかな、間違ってるかな、変かなということを素直に表明できるようになる。

「変」なのがいい

ＴＣＳでともにプロジェクトに関わった子どもたちは、とりあえず「Accept」することが大切であることを「『変』なのがいい」という言葉で表現した。なんかおかしいかなと思うことを「拾って、受けとめる」ことが新しい考えを「ジェネレート」することを身を持って知ったからこそ生まれた言葉だ。子どもたちは、ＴＣＳのプロジェクトで起きていることをまとめた小冊子で次のように書いた。

「宇宙を舞台として未来を予測する紙芝居をつくるプロジェクトで、面白い作品が最終的に生まれたのは、変な思いつきをけなさず、逆にそれをきっかけに盛り上がって、いつのまにかアイデアが膨らんだから。君は変人だねと呼ばれたらそうだよ僕は変人さ！とかえって喜んじゃう。無理と言ってるくせにやってる。みんなが普通だと気にしないことをいちいち疑問に思う」

こうしたマインドセットは、自分なりの発見が常に拾われて、受けとめられる場で育つと言えよう。

相手を巻き込むならまずこちらが盛り上がる

「Accept」を「ジェネレーター」側の視点で書いてきたが、「ジェネレートされている」側に生じる「Accept」もある。

子どもでも、大学生でも、大人でも、話に全然ピンとこなかったり、乗って来ない人は現れる。けれども、そこですぐに相手をやる気にさせようとか、乗り気にさせようとはしないで、こちらがやるべきことをやり、つくるべきものをつくって、まずこちらが盛り上がってゆくことが重要だ。まわりの友達とか同学年や下の学年まで盛り上がってくると次第にそれに巻き込まれて興味が出てくるものだ。なんでそんな風に盛り上がっているのかなとうらやましく思ったりする気持ちも湧くだろう。

相手を巻き込むなら、まずこちらが盛り上がり、少しずつ盛り上がりの輪を広げる。そうすると次第に生まれつつある状況を「Accept」する気持ちが、熱量の低かった参加者にも「ジェネレート」してくるのである。

「ねえ、私たちはとりあえず始めているから、もしなんか気になることがあったら参加してね」と「間」があることを認め、「あれ、それ面白そうじゃない。そのアイデア加えていいかな」とまだ参加していない人がなんとなく書いたメモやらスケッチやらつぶやきやらを見逃さない。それがAcceptしながら巻き込むプロセスと言えよう。

失敗も無様な部分も「さらけ出す」のが「Show」

相手を巻き込むためにまず自分が引き受ける。率先して「変だ」と思われる姿をさらす。それこそが「S＝Show」ということだ。正しい知識・やり方をカッコよくスマートに「見せる」ことではない。むしろその逆で、「ジェネレーター」は、大失敗する姿とか、うまくいかない姿も含めて「さらけ出して見せる」ということが重要だ。ともに失敗をさらけ出し、自分も他人も責めず、前向きにふるまう勇気を持って、仲間とチャレンジする。失敗を糧にして、別のやり方が工夫できるのではないかとあきらめずに取り組む姿を「見せる」ことが重要なのである。

本物を「見せて」「魅せる」機会をつくる

一方で、自分だけがすべて担い、「見せる」存在にならなくてもいい。「ジェネレーター」は、自分自身がこれから取り組もうとするプロジェクトの専門家ではないケースが多い。他のメンバー同様、自分も素人であるからこそともに学び、成長することができる。この時、本物の場所、本物の人を探し出し、実物に接するチャンスをつくる。すごいところは他者に「見せて・魅せて」もらう。そして「ジェネレーター」は、プロの技や知識を持つ人から必死に学びとり、それを自分の課題に生かすために考え、試行錯誤する姿を「見せる」のである。

「一蓮托生」の場に「参加＝Participate」する

ガイドし、解き放って待ち、拾い受けとめ、さらけ出す関係性で「参加＝Participate」するということは、プロジェクトの命運をともに担う「一蓮托生」の間柄を意味する。子どもや仲間のせいにできない。ともに責任を負う仲間である。発達心理学者のキャシー・ハーシュ＝パセック[52]は、教師が教卓から離れ、あるテーマを探究する環境に身を投じて、生徒とともにイキイキワクワクしようと提唱した。教師も、新たに知識を構成し、活気に満ちた教育環境を自ら作り出し没入する仲間となり、知識をただ消化する人ではなく、知識をつくりかえる人になることが大事だと考えたのだ。

子どもを見守る、支援するというような自分が直接関わらない一歩引いた「参加」ではなく、ともに汗を流し、自らつくりだし没入する参加が「ジェネレイティブ・パーティシパント」の姿なのである。

面白がりの「伝染」

「ジェネレーター」とは結局、自分自身をジェネレートすることがカギなのだ。そのことによって参加者がジェネレートされる。ジェネレーター自身が面白がっていると、周りの人もなんとなく楽しく、面白くなってくる。

高校へ出張授業に出向くと、初めて会った高校生から「市川さんはなんでそんなに楽しそうなんですか？　楽しそうにされるとこっちも楽しくなってきてしまいますよね」と還暦近い大人が十代の若者に言われる。彼らはなぜ不思議そうにこう語るのかと言えば、誰かが見つけたり、発言したりした、一見面白いと思えないことの面白みを見出して楽しんでいる姿をさらしている人が目の前にいるからだろう。ゲラゲラ笑ってしまうことに反応して面白がっているのなら、特別なことではないし、また、面白いことを言うお笑い芸人であるなら、自分が受けるのではなく、相手を笑わせて楽しませるはずだ。そのどちらでもなく、ある時は目の前にある何の変哲もない木の枝に反応し、ある時は、遠くに聞こえた電車の音に耳を傾ける。誰かの思いつきだけではなく、こうした周囲の事象を察知して拾い、新たな意味を付け加えるのを面白がっている人を見て変だなと思うのだ。

さらに不思議なのは、この1人の「面白がり」が参加者に伝染し、場の空気を和らげ、みんなが心をゆるめて思わず素の意見・思いつきを口に出すようになってくることだ。その結果、知らず知らず面白いアイデアがジェネレートする。なんとなく気になることを軽んじない「ジェネレーター」の寛容な（generous）姿勢が、みんなで次々に発見を重ねてゆくのをひたすら面白がる流れを生み出してしまうのである。

「ジェネレーターシップ」を発揮している人の3つのふるまい

ジェネレーターは見えないなりゆきを「GRASP」しようとする感覚を持って動き出す。するとまわりの人たちもジェネレートされてみんながジェネレーターになってしまったように見える状況が生まれる。そんな現場を私は何度も経験してきた。とはいえやはりジェネレートのとっかかりをつくる「ジェネレーターシップ」というマインドセットを発揮する人がいないとそういう場は生まれない。したがって、最初に「ジェネレーターシップ」を発揮する人の「あり方」がとても重要になってくる。次にそのあたりのことを考えてゆきたい。

私が気づいたのは「ジェネレーターシップ」を発揮している人は3つのふるまいをしているということだ。ひとつは、「**やってみないと分からない状況で一歩踏み出す**」ふるまいをしている。

言い換えれば、「不確実な状況を引き受ける」ということ。相手の気持ち・心情を引き受けるというより、ジェネレーターはその場の「状況」を引き受ける。みんながお互いの出方をうかがっているような「状況」、あるいは、なんとなく緊張感がみなぎった「状況」で、その雰囲気を打破する「ふるまい」となる言動をする。その言動は、こっちの方向に行けばいいんだよとみんなに知らせるものでも、こうすべきだと場を支配するのでもない。「なんとなくこう思ってしまった」という些細なアイデアを口にする。

この「ふるまい」は「**つら楽しく面倒なプロセスを面白くしようとすること**」という2つ目の「ふるまい」と密接に関連している。先行きの見えないことに取り組む時には不安が場に充満するのを避けられない。

本当にうまくいくのだろうか……どうしたらうまくいくのかわからない……

こうした気持ちに支配され続けていると、どんどん場の雰囲気が硬直化し、この状況が続くと精神的にすぐ疲弊し、頭も重くなり、心身が不調になってしまう。つらいけれど、そこを乗り越えていった時の喜びが大きいので、あえてつら楽しい、不確定性の高い道を進む。そのプロセスを前向きな場に変えてゆくには、その場をなんとか面白くするしかない。それは「不確実な状況に新たな意味づけを行う」というふうに言えるだろう。

三つ目の「ふるまい」は、「みんなで試し続け、作り直して発見を積み重ねること」だ。1回でうまくいかないことにチャレンジするので、しつこく試し、作り直して、発見を積み重ねることを覚悟している。そもそも不確実で、わからない道を進むのだから、たくらみ続けて、確かめてゆくしかない。こうした状況で発揮するのが「ジェネレーターシップ」である。

不確実な状況を「Accept」するジェネレーター

ではこの3つのふるまいを一つひとつ詳しくひもといてゆこう。まず、ジェネレーターはやってみないと分からない不確実な状況を「引き受けて」一歩踏み出す。ジェネレーターがGRASPするための要は「Accept」というマインドセットにある。

「発見の連鎖」は、こんなことを言って大丈夫だろうか?ということすらとりあえず「受けとめる」ことから始まる。ちゃんとしたことを思いついてからではなくて、まず思いついたことを表明してみる。最初から的を射たことを言えるわけがなく、まずきっかけとなる思いつきからスタートする。それを必ず拾うのが「Accept」である。

したがって、ジェネレーターの「Accept」は、相手への配慮や「思いやり」とは少し異なる。1人ではできないことに取り組み、つくりながらみんなでその喜びを分かち合い、面白がるコラボレーションを活性化するには、どんな些細なことも見逃せないという思いが根底にあるから「Accept」する。

ジェネレーターは、自分が好奇心を発揮して「これなんだろう?」とか「こう思ったんだよね」とか率先して言うが、自分が言った通り、考えた通りにならないといけないとはまったく思わない。自分が何かするのはきっかけでしかなくて、それによって他の人がどんどんジェネレートされて盛り上がってくることを望んでいる。

エピソード1において、ジェネレイティブ・パーティシパントという言葉からジェネレーターという言葉が生まれた場面を井庭さんが紹介してくれたが、あの場面こそまさにジェネレーター的展開である。「なぜ変えるのか?」という議論によって変えたわけではなく、なんだか面白そうと感じ、別の場面でもジェネレーターがよいかもしれないという意見が出ていたから、乗っかり、重ねていったのだ。

そんなに簡単に乗っかってしまって大丈夫かと心配に思う人は自分が進んでいるなりゆきが不確定だという自覚が足りないと言えるだろう。まずは重ねてみて、そこから不断の修正を続ければよい。流れに乗っかって不確実性を楽しみながら自分が予想しないところに到達するにはそれしかないという覚悟こそ、ジェネレーターの「Accept」と言えよう。

発見の連鎖をとめないように率先して引き受けるのがジェネレーター

ジェネレーターは、創造システムの中にいて発見の渦を止めない人だ。誰が言ったかというような関係性を重視するコミュニケーションシステムの外側にいて、よいものが生まれるかどうかが勝負だと考えている。自分が主役になろうという意識はさらさらない。もし誰もアイデアを出さなければ、自分が出すに過ぎない。それはよいアイデアを出すということ以上に発見の連鎖がとぎれないようにするためだ。そのために大したことなさそうな思いつきも常に出し続ける。よいアイデアはすぐに生まれないし、どのような展開で到達するかもわからないと覚悟しているから、発見に意味があるかないかをすぐにジャッジするような姿勢もない。その結果、誰もがいろいろな発見を口に出せるような場が生まれて、参加者が自分らしさとか相手への遠慮とか妙な意識に引っ張られず、今、自分が思いついたことを気兼ねなく出そうという意識に変わる。

なんとなく流れが停滞した感じで誰も動きそうもないと察知したら、自分が引き受けて、発見の連鎖を維持し、創造的コラボレーションが生まれるようにしたい。ジェネレーターはそれだけを願っている。

ジェネレーターは「5つの禺＝5G」を追いかける

もうひとつ、実際にやってみないとわからない状況で一歩踏み出せるマインドセットを支えているのは「禺」を面白いと感じることである。

この「禺」という漢字のつくりは、「ナマケモノのようにぶら下がっている動物の形」ということだそうだ。この「禺」にヘンやアシやカンムリをつけると5つの「禺＝G」という漢字が生まれる。これを「ジェネレーターシップ」の「5G」（図4-2）と私は名づけた。

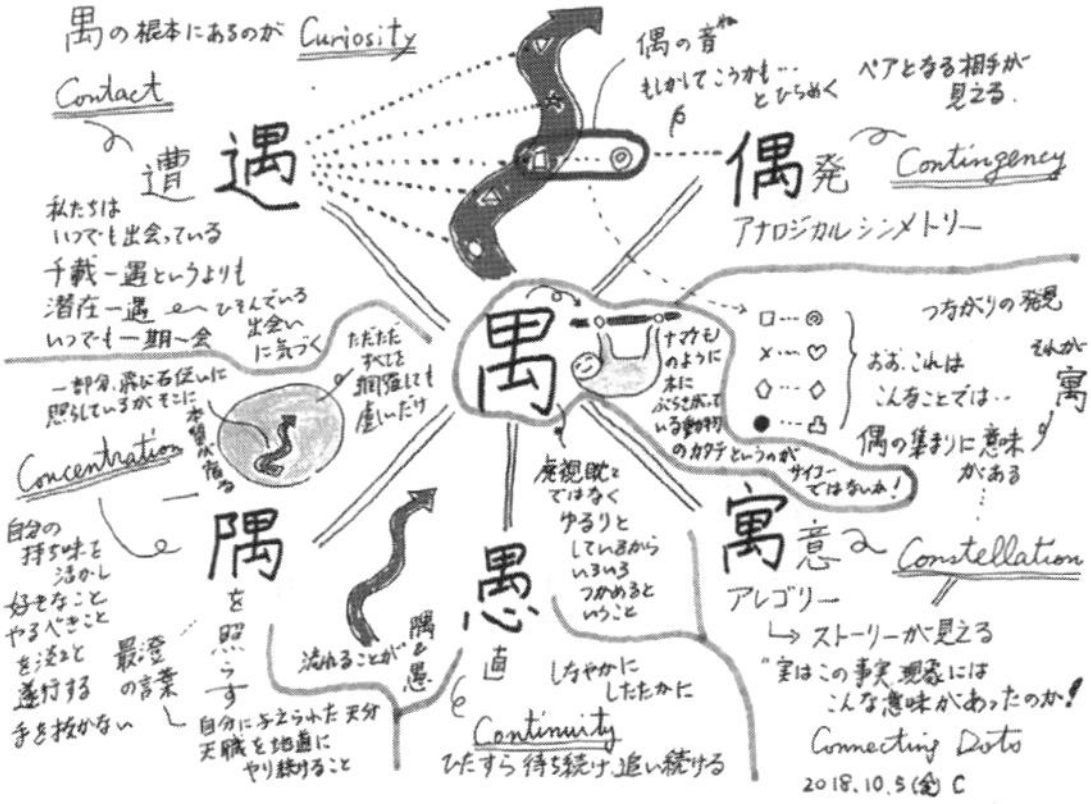

図4-2：5つの禺＝5Gの図

まず、「ジェネレーターシップ」を発揮する人は、「万物の流れの中で生きている」という感覚を持っている。誰もがこの「流れ」に浮かぶ何かに必ず遭「遇」しているのだが、多くの人は「何も見つからない、生じていない」と思っている。千載一遇というように1000回に1回という低い頻度でしか面白い遭「遇」はないと思い込んでいるのだ。しかし、ジェネレーターは、遭「遇」したものは潜在的にすべて面白い何かを含んでいるととらえる。つまり「潜在毎遇」で、毎回、一期一会なのである。いつでも遭「遇」していると信じているマインドセット。これが一つ目の「遇」だ。

遭「遇」の流れを追ってゆくと、集まった面白いものの中から、偶発的に「もしかしたらこうかも……」と連想して別のことが思いついたり、関連なさそうな何かと「たまたま」つながったりしてしまう。これが二つ目の「偶」だ。普段、遭「遇」しているモノ・コト・ヒトを流さないからこそ「偶」然をつかむチャンスが生まれる。じっと座して、棚からぼた餅が落ちてくるのを待つのが「偶」発ではないのである。

こうしてみつかった「偶」発的な発見に焦点を当てて追いかけてみる。それは多くの可能性の中のほんの一部。たまたまみつかったわずかな「隅」っこに過ぎないかもしれない。しかし、その一「隅」をとりあえず追究し始める。ちょっとした「隅」っこから始めるのを厭わないのが三つ目の「隅」である。

あれもこれもと網羅的に考えるのではなく、偶発的な発見から飛び石伝いに追いかけ、一「隅」を照らす。一足飛びに効率的にではなく、時に回り道するようなことがあってもよい。まずは「愚」直に続ける。これが四つ目の「禺」である「愚」だ。「愚」直に、ばかげているかなと思うような「愚」かなことでも、とりあえずやってみるマインドである。

こうして四つの「禺」を追い求めた先にひとつの物語、ストーリーが生まれる。五つ目の「禺」となる「寓」話が生まれるのだ。これがスティーブ・ジョブズが2005年のスタンフォード大学の卒業式で行った伝説的スピーチで語られた「コネクティング・ザ・ドッツ」ということではないか。出「遇」ったものを流さずキャッチし続け、あれ?と「偶」発的に引っかかるものがあったら、取るに足らない片「隅」のことに感じても「愚」直にひたすら追い続ける。そうするとドッツ（点の集まり）がつながり、面白い「寓」話が生まれる。5Gの流れを信じてジェネレーターはふるまっているからこそ、不確実な状況で一歩踏み出すことができるのである。

これは、心理学者のクランボルツが言った「計画的偶発性理論」[53]と重なる。この理論は、ビジネスで成功した人は、目の前に起きた予期せぬ出来事をターニングポイントとして活用しているという調査結果から生まれた。クランボルツは、「計画的」に「偶発」を起こすために5つの行動特性（1好奇心（Curiosity）：新しいことに興味を持ち続ける、2持続性（Persistence）：失敗してもあきらめずに努力する、3楽観性（Optimism）：何事もポジティブに考える、4柔軟性（Flexibility）：こだわりすぎずに柔軟な姿勢をとる、5冒険心（Risk Taking）：結果がわからなくても挑戦する）が必要だと考えたが、これらはまさに「5G」の旅路の背後にあるマインドセットと言えよう。

ひらめき・偶然は心をオープンにして没入したときに飛び込んでくるもの

ひらめきや偶然をキャッチできるのは、偶然を待つのではなくて、何かを生み出そうとするプロセスの場に没入し続けているからだ。いろいろなことを取り込み、そこで感じたことを素直に表明する。あちこち発想が飛んだり、突然、浮かび上がったように見えるので「偶」然に感じられるが、「生成」の流れの必然の帰結に過ぎない。

なんとなく「感じた」ことを口にするには、一生懸命「感じよう」とするのではなくて、心をオープンにして、自ずと生まれてしまったことを受けとめることである。こんなの子どもっぽいとか、なんかよくないとかすぐにジャッジせず、思い浮かんでしまったものをただ受けとめてみると「生成」の流れをとらえられる。

多くの人達は、コミュニケーションを活発にし、質を上げようと躍起になる。参加者の発言を促すために気を遣ったり、よい問いかけをしたりする。しかし、場に没入しているからこそふと出てくる思いつきに素直に反応して、面白いと思うのがジェネレーターなのである。

ジェネレーターは二者択一せず矛盾・対立をパラレルで追いかける

次に、不確実な状況を意味づける「あり方」をひもといてみよう。ジェネレーターは二者択一という発想をしない。対立したり、矛盾したりする考え・動き・流れがあっても、どちらかに決めつけず、両方を追い続けようとする（図4-3）。

井庭さんは、学生とのプロジェクトにおいて「ジェネレーターシップ」を発揮するとき、自分自身が面白いと思ったことや破天荒なアイデアをどんどん投げ入れるやり方をとると語った。これは「ジェネレーターシップ」の「あり方」から考えると、学生があるひとつの線を追いかけがちになっているときに、別の線もあることを気づかせる働きをしていると言えよう。

ただし、「ジェネレーターシップ」を発揮している人は、学生に気づかせる教育効果を狙ったわけではなく、自分も一参加者としてもっと面白くしたいから別の発想をあえて投入している。

もちろんどちらかひとつの可能性にしぼることもある。しかし、その場合も「暫定的」に選んでいたり、もうひとつの可能性についても頭の片隅に置いている。2つの対立する線があったと

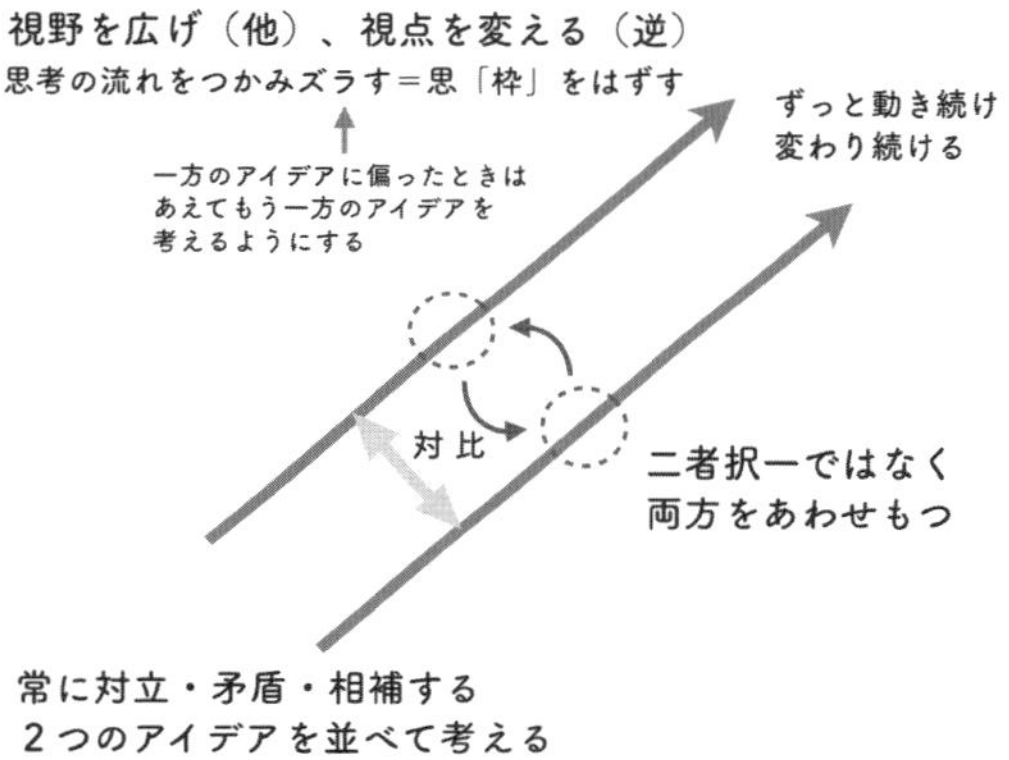
視野を広げ（他）、視点を変える（逆）
思考の流れをつかみズラす＝思「枠」をはずす
一方のアイデアに偏ったときは
あえてもう一方のアイデアを
考えるようにする
ずっと動き続け
変わり続ける
対比
二者択一ではなく
両方をあわせもつ
常に対立・矛盾・相補する
２つのアイデアを並べて考える

図4-3：２つの対立する考えを追いかける図

しても、どちらかひとつに簡単に決めないで、とりあえず両方の可能性を追い求めてゆく。むしろ対立・矛盾・相補性のあるものを両方走らせて、考え続け、視野を変えたり、広げたりする。ひとつの思「枠」に縛られないように心がけているのである。

ジェネレーターは「ユーモア」で思「枠」はずし

ジェネレーターは、アイデアの偏りが起こらないように、ユーモアあふれる思「枠」はずしを行う。「笑い」は固定した見方からのズレから生じると言われるように、あるひとつの見方をズラして別の見方で眺める視野の広がり、視点の変更がユーモアある形でなされる。理知的なクリティカルシンキングとは一味違うジェネレーターのユーモアあるズラしは、妄想・こじつけ・邪推から生まれると言ってもいい。正しいかどうか頭で考えてジャッジするのではなく、なんとなく感じ、思いついてしまったことからスタートする。

ジェネレーターのユーモアは、どこかその人の特徴がにじみ出てしまう。例えば、私の場合は、漢字の同音異義語やダジャレで意味のズラしを行って面白おかしく発想する。先ほど紹介した「禺」の話もそうした考え方から生まれたものだ。この本では私のジェネレーターとしての思考スタイルを追体験できるように、私の「造語」「こじつけ」を「さらけ出して(Show)」いる。

笑いを生むかどうかという基準からすれば、面白くないものも多いだろう。しかし、目的はギャグで相手を笑わせることではない。ちょっとした自分の気づきや誰かの発見から意味をひねり出すために、真剣に妄想し、こじつけている。本人としては極めて真面目に発言しているのだが、聞いている側は「そんな見方もあったか」「まさかそんなことはないだろう」と様々な思いを抱きながら、しょうもないことを言い出したものだと思わず笑ってしまう。「またそうきたか」と思われるような「その人らしさ」がユーモアにつながっているのである。

もうひとつのリアルこそファンタジー

ユーモアを生む「その人らしさ」は、「現実」や「常識」からのその人ならではのズラしが見えるからおかしい。そのズラしが「ファンタジー」の入口になる。

「ファンタジー」は「もし何々だったら……」というような架空の状況や、現実にはあり得ない別の可能性を見せる。単なる妄想ではなく、今見ているリアルの他に、もうひとつのリアルの姿があることを教えてくれるのだ。

このことを述べたのが『ゲド戦記』を書いたル＝グウィンだ。ジェネレーターは二つの対立する見方を常に追い求めると話してきたが、『ゲド戦記』はまさに対立の構図のお話で、第1巻の「影との戦い」というタイトルからもわかるように、スターウォーズと同じライトサイドとダークサイドのせめぎ合いの話である。ゲド戦記は、ジェネレーターマインドにあふれていて、どちらがいいかを安易に決めず、どちらかが一方的に勝つという結末を迎えない。常にせめぎ合い続けるというのが物語の主題なのだ。彼女は『いまファンタジーにできること』[54]という著書の中でファンタジーの役割についてこうまとめてくれている。

「ファンタジーの紡ぎ手たちは…（中略）…今、与えられているよりも大きな現実の存在を肯定し、それを探求しようと努めているようだ。彼らが回復させようとしている感覚、取り戻そうとしている知識は、ほかの人たちがほかの種類の生活を送っているかもしれないどこかほかの場所が、どこであるにせよ、どこかにあるというものだ」

つまり、リアルの世界には、目前に見える筋ではないもう一つの筋があると常に考えることがファンタジーというわけだ。もう一つ別の、あるいは逆の見方で妄想し、こじつけ、邪推することをファンタジーは含んでいるのである。フィクションやファンタジーは、単なるおとぎ話でも、無意味な空想でもない。目の前にはないどこか別の世界で、ある存在が活動している可能性を考えることで、今ある世界を見つめなおすことなのだ。

「もうひとつの世界」という「仮説」を生み出すファンタジーの力

感じることは大事だが、だからと言って、感じなきゃダメ、考えちゃダメというふうに分けて考える必要はない。私たちは常に考えることと感じることとが一体となったバランスの中にいる。とはいえ、現代社会において大きく欠けているのは「感じる」ことであるのは間違いない。

現代社会には頭で考えるのをアシストするツールがあふれている。頭で考えるように仕向ける流れに日常生活でははまりがちだ。そこからあえて外れるにはやはり「もうひとつの世界があるはず」というファンタジーを信じる心が必要である。

『指輪物語』で知られるトールキンは、ファンタジーの効用を逃避・回復・慰めの3つ[55]だと言っている。頭でっかちでがんじがらめになっているときに、その囚われの状態から思いきって逃走すればいいとファンタジーはささやく。何かをつくるときに「これはどういうことなんだろう」とたくさんシミュレートし、妄想を広げる。そのときに真っ向から考えずに、大胆に別のやり方へと逃げてしまうことはありなのだ。

これまでの考え方から逃げることで、錆びついていた自由な好奇心が再び動き始める。「もうひとつの世界」へと逃げることで持ち前の力が回復するのだ。すると、もしかしたらこんな可能性があるかもしれないというポジティブな側面が見えてくる。単なる苦悩や諦めから逃れ、心が慰められ、前向きにチャレンジしようと思えるようになるのである。

ジェネレーターはみんなで試し、作り直して、不確実な状況で企て続け、変わり続ける

こうしてもたらされるファンタジーの力によって、ジェネレーターの3つ目のマインドセットである「みんなで試し、作り直して、不確実な状況で企て続ける」ことができる。ファンタジーのなりゆきを追いかけ続けるのである。

この時に先に述べた「5つの禺」がカギを握る。なんとなく遭「遇」した「偶」然によって感じ、思いついたら、とりあえず「愚」直にやってみる。「なんとなく」と「とりあえず」を「ひたすら」追い続けるのである。実はこのプロセスこそ、ジェネレーターの歩む道であり、発見の連鎖ということではないかと思う。井庭さんの言う個々のミクロな発見は、私からすると思いつきとか仮説に相当する。ある思いつき・仮説が次の思いつき・仮説に発展し、新たな意味づけがなされる。それをずっと続けることによって発見的なストーリー＝「寓」話が生まれる。

「5G」の流れに乗り、思いつきや仮説が「変」化してゆくのを止めず、「変」だと思ったことを追い続けて「変」わり続けてゆく「変」人。それはアナクシマンドロスのごとく到達点なく流れ続けていくということだ。「ユニークネス」を発揮する人だけを指して「変」人というわけで

はない。「変」を感知するアンテナを研ぎ澄まし、不確定な状況で「変だ！」と思ったらとりあえず一歩踏み出す。自分だけでなく誰かとともに行うけれど、最初のきっかけをつくるために率先して動いたり、もう一つの視点となるようなファンタジーを示す役割をジェネレーターは果たす。

そのとき、普通の人とは違う「変」な存在になってしまうかもしれない。そんな状況において、周りの人も巻きこんで、自ら率先して「変」な存在であることを引き受け＝Acceptて「変」わり続けることを面白がり、結果的に状況を「変」えてしまう。それがジェネレーターシップを発揮する「変人」といえよう。

ジェネレーターはなんとなくの方向性という北極星をたよりに見えないなりゆきを進む

ジェネレーターは「なんとなくこんなものをつくりたいんだよね」という方向性を持ちつつ見えないなりゆきを進む。だから、あらかじめこういう形にしたいというような明確なゴールイメージはない。それはやりながらどんどん生成され変わるものだ。どんなものができるかわからないプロセスをみんなで一緒に進むから面白いし、意義がある。

コラボレーションの妙は、何かをみんなでつくってゆくにもかかわらず、バラバラではなく、一つの「あるべきカタチ」が生成されてくるところだ。あらかじめ決まったカタチを整然と目指すわけではないのに、一つのカタチに収束する。しかし、プロジェクトの旅の途中は紆余曲折する。個々がバラバラに動く瞬間もあるだろう。作品として一つのカタチになっても個々人の得るものや感じ方はそれぞれ違う。

「なんとなくの方向性」という北極星をたよりに、時にまきおこるコラボレーションの大波を活かして何かを生み出すのをひたすら面白がるのがジェネレーターである。

ジェネレーターの三つのふるまいのベースには、なんとなく感じ、気になったことをとりあえず集め、試し、やってみることをひたすら積み重ねてみんなで発見を磨きたいという思いがある。こうした思いは、ある固定したものにとらわれた being ではなく、becoming する何かを面白がることで生じる。becomingを受け入れ、変わり続ける being であることがジェネレーターシップの根本なのだ。次章では「中動態」という概念をカギとしてジェネレーターシップというふるまいの背後にある原理を明らかにしてゆきたい。

49 市川力、『探究する力』、知の探究社、２００９年。
50 http://tokyocs.org/
51 井庭崇編、『クリエイティブ・ラーニング 創造社会の学びと教育』、慶應義塾大学出版会、２０１９年、Ｐ４９３-４９８。
52 キャシー・ハーシュ＝パセック、ロバータ・ミシュニック・ゴリンコフ（著）、今井むつみ、市川力（訳）、『科学が教える、子育て成功への道』、扶桑社、２０１７年。
53 海老原嗣生、『クランボルツに学ぶ夢のあきらめ方』、星海社新書、２０１７年。
54 アーシュラ・Ｋ・ル＝グウィン、『いまファンタジーにできること』、河出書房新社、２０１１年。
55 Ｊ・Ｒ・Ｒ・トールキン、『妖精物語について ファンタジーの世界』、評論社、２００３年。

Generator

Episode 05

中動態 — Middle Voice — 井庭 崇

ジェネレーターのふるまいの根本にあるもの

エピソード4ではジェネレーターの「行動原理」が明らかにされた。その「行動原理」をコインの表側とするならば、その裏側にあるものをこの章では探りたいと思う。なぜなら、ジェネレーターのふるまいを表面的にコピーしても、ジェネレーターにはなれないからだ。そこで、ジェネレーターのふるまいを、目に見えるふるまいの背後にある原理から深掘りしてゆく。そのために4つの観点からお話ししたい。まず、自分がどんな参加をしているかの事例、次に、ジェネレーターはどこにいるのかという思想、さらに、ジェネレーターは何をしているのかについての理論、最後にジェネレーターシップの定義を試みる。

創造のコラボレーションに参加するジェネレーター教師のあり方 井庭研での事例

教員と学生という非対称の関係の中で、教員と学生が一体となって創造的コラボレーションをしてゆくには、全体を俯瞰するプロデューサーと現場監督であるディレクターとしての役割を兼ねながら、自分も同じプロジェクトを担う一員としてジェネレーター的に関わる必要がある。これを井庭研でどう実現しているか一例を紹介しよう。

この例は、慶應義塾大学ＳＦＣが六本木で毎年行っているオープン・リサーチ・フォーラム（ＯＲＦ）というフォーラムに出展したときの学生と僕の関わりのエピソードだ。この２０１９年、フォーラム全体のテーマが「Beyond SDGs」だったので、井庭研ではその創造社会バージョンを考えようということになった。「Sustainable Development Goals」（SDGs：持続可能な開発目標）だと、どうしても、いま現在の社会問題を解決するという発想になるので、僕たちは、クリエイティブな未来の目標として「Creative Developmental Goals」（CDGs：創造的な開発目標）と名づけ、それがどういう目標項目になるのかを、来場者と創造的コラボレーションによってつくる、というワークショップを企画した。そのために会場に掲示するCDGsのロゴを学生たちと考えることになった。そのロゴをめぐるやりとりを、ジェネレーターの関わり方の例として紹介したい。

相手を評価する学びから、学生たちとともに対等な立場で創造し、高みを目指す学びへ

メンバー（学生）たちからいろいろなアイデアが出てきたが、それを見て、彼女らがただ文字を

並べればロゴになると思っているようだと、僕は気づいた（図5-1）。そこですぐロゴについて解説しているサイトを探して紹介し、一緒にサイトを見ながら、ロゴとはどういうものか、そしてよいロゴとはどういうものなのかについて説明した。ここまでは先生としてのアドバイスだが、ここから先はジェネレーターとして関わってゆく。

ロゴについて説明され、理解した後は、いろいろ工夫し始めてロゴらしくなっていった（図5-2）。ところが、よく見直してみると、このロゴは今回のオープンリサーチフォーラムのロゴやSDGsそのもののロゴとも似すぎていて、これではパクリになってしまうからダメだと、また振り出しに戻ってしまった。

このとき僕は、メンバーがつくってきたものを見て思ったことを言った。「つくるだと構築のイメージだから、四角を地球の周りに配置するので

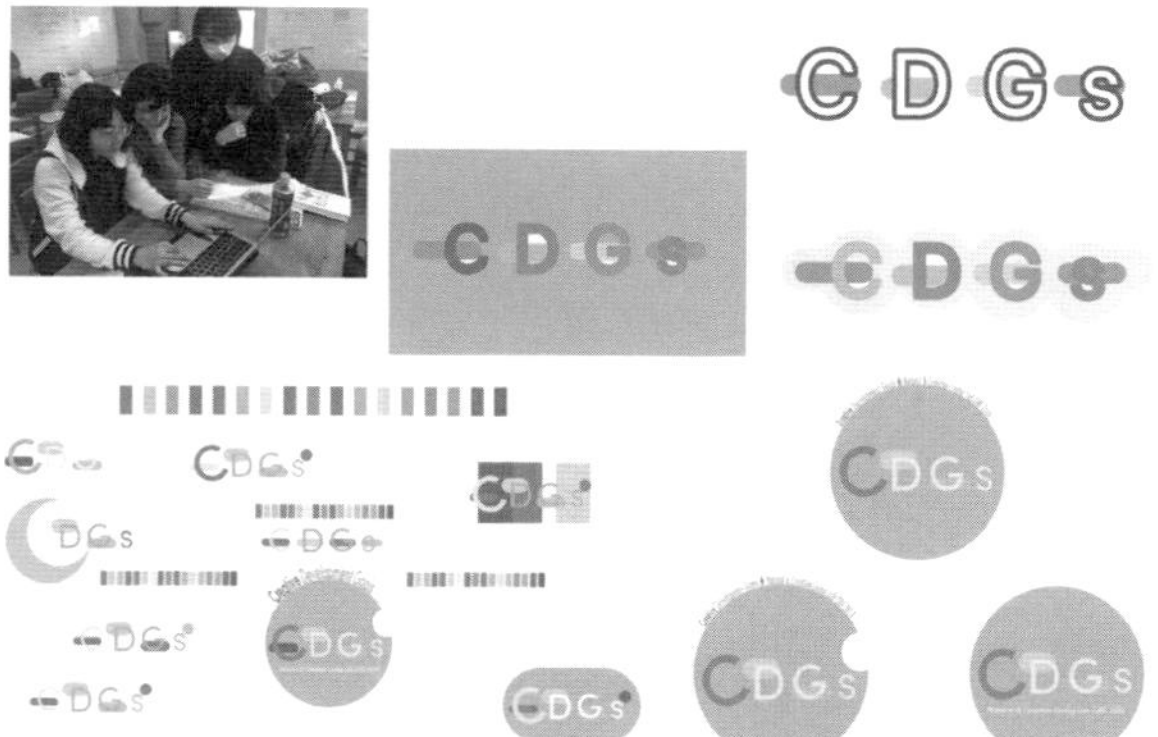

図5-1：学生たちのロゴのデザインの試行錯誤の模様

はなく、ブロックが積み上がっていくのはどうかな。そして、右上に上がっていく感じにすると、ポジティブなイメージが出るんじゃないかな」とアイデアを出したのである。

ここがジェネレータとしての「あり方」のポイントだ。学校で、学生たちがつくることを教師が支援するという構図では、学生が出したアイデアに対してフィードバックやアドバイスをするということだけが行われるだろう。これに対して、ジェネレーターは「ともにつくる」ことに参加するので、自らもアイデアを出したり、手を動かしたりする。自分だけ「つくる」ことの外にいるような特別な位置にいないのだ。自分も中に入るのがジェネレーターだ。だから、僕も自分がよいと思うアイデアを惜しみなく、躊躇せず出す。すると、メンバーたちも、そのアイデアに共鳴し、そこからさらに発想したり加えたりして、いくつかのプロトタイプをつくり、完成に至った。

最終的にできあがったロゴは、僕のアイデアにジェネレートされて、それに自分たちなりのアイデアを加えたものになった（図5-3）。僕のアイデアも、真空のなかでゼロベースで生まれた

図5-2：ロゴとは何かを学んだ上でのロゴのデザイン案

図5-3:みんなでつくってロゴが完成！

わけではなく、それまでのアイデアの流れを踏まえてのものだった。つまり、僕もそのコラボレーションのなかで一つの連鎖をつないだだけなのだ。

教員である僕も「よりよいものをつくり出すチーム」のメンバーの1人として、ロゴをつくるということに真摯に向き合い、自分の案も出し惜しみせず投入するように全力を尽くす。学生がやっているから学生が出すアイデアよりよいものを出してはいけないとか、アドバイスすることだけに徹して学生自身が発想できるように促すというようなホールドはしない。アイデアが生まれなければメンバー（学生）と一緒に何日でも苦しみ抜く。「一緒に悩む」ということもジェネレーターとしての教員の大事な役割だと言えるだろう。

こういう話をすると、決まって、「これでは学生がやったのではなく、先生がやってしまったことになりませんか」という質問をする人がいる。気持ちはわかるが、ともにつくるコラボレーションでは「誰が」は重要ではない。アイデア・発見が生成・連鎖することで、何かがつくられる。そこに貢献する人が、メンバーだったりジェネレーターだったりする。それだけだ。

つまり、あるアイデアが取り入れられるのは、「そのアイデアがよかったから」なのだ。アイデアの良し悪しに、それを考えた人の立場や肩書きは関係ない。良いものはよいし、悪いものは悪いのだ。あるアイデアを学生が出したのか先生が出したのかを気にしている人は、そういう立場・肩書きを意識しすぎていると言えるだろう。そういう社会的（ソーシャル）な次元ではなく、創造的（クリエイティブ）な次元で捉えるべきなのだ。

次に出てくるのは、「先生がアイデアを出してしまったら、どう学生を評価するのですか？」という質問だ。これも、評価ということを軸に考えすぎている。「つくる」ことそのものではなく、「評価のためにつくらせる」になってしまっている。そうではなく、ここでいま取り組んでいることは、「適した良いロゴをつくること」なのだ。個別にあるいはグループのパフォーマンスを評価し、成績をつけることが中心ではない。

ここで井庭研のメンバー（学生）たちが経験したことは、よいロゴをつくるという創造実践である。自分たちのレベルで終わる、今の自分たちの能力の表出と評価ではなく、自分たちの能力を超えるレベルにまでみんなで登り詰めていくという経験なのだ。このような経験は、従来の学校教育のなかではまず起きないことである。それは教師が、大人が、本気で一緒に取り組むことがないからだ。

その意味で、ジェネレーターの高いレベルに学び手を巻き込み、「正統的周辺参加」[56]のような学びが起きるようにする（このあたりのことはエピソード6でさらに詳しく述べる）のが、ジェネレーターとしての僕の役目なのだ。

ジェネレーターのトリックスター性

発見の連鎖は、相手の発言に「面白いね！」と乗っかってゆくだけでなく、こちらから「例えばこんなのどうかな？」と、わけのわからないことを率先して言い、みんなが言えるモードをつくると活性化される。これはジェネレーターが「トリックスター」性を発揮していると言えるかもしれない。

トリックスターとは道化のこと。昔、王様が統治していたような時代に、中心ではない辺境の地に住んで、他の国の状況や情報を始めとする様々な分野に精通し、王様のもとに情報をもたらす人がいた。道化的な役割で、異端の人なのだが、王様にとっては不可欠な存在で、新しい何かを届け、文化を成長させる上でも重要な役割を担っていた。ふらふらしているし発想も飛んでいるので、紙一重の存在として変人扱いされてしまう一方で、新しさを持ち込むエッジな（先端を行く）人なのだ。

ジェネレーターがよりよい作品をつくりあげてゆくには、プロデューサーとして、またディレクターとして、正論をしっかり言わざるを得ない。ただ、そのような場合でも、みんながどんな考えでも出せるように、あるいは違うアプローチに気づくようになるための迂回路としてトリックスター的にふるまうことをジェネレーターはしている（トリックスター的ジェネレーターについてはエピソード6で紹介）。

他者への評価の仕方で自分も評価されるのがジェネレーターシップ

時には正論を示し、また時にはトリックスターとなるジェネレーターとしての教師は学生に対して強烈な影響を与える。だからと言って、客観的な立場で指導したり、コントロールしたりしているのではなくて、自分もその中に巻き込まれている。相手に影響を強く及ぼすと同時に影響を受ける側でもある。

創造プロセスにおいてよりよいものをつくろうと思っているときに、誰かが他の人の意見やアイデアに対して「これはちょっとイマイチだね」と言ったら、ブーメランでその人に戻ってきて、「イマイチ」と言った人の意見やアイデアも同じように評価される。それが先生だったら「先生がそう言ったのだから、同じように言われても仕方ないですよね」というふうに対等に評価される。明らかに自分も巻き込まれているのだ。

外からの評価をする人で完結するならば、自分はそこに入らないから、他者へのダメ出しは単なる圧力になる。しかし、自分も評価される対象に入っているから、その基準で自分も評価される。それがジェネレーターシップを発揮しているということなのである。

ジェネレーターの生成の場となる――中動態としてしか表せない出来事

よく「ジェネレーターはいったい何をしているのか」「何をしたらジェネレーターということになるのか」と聞かれる。そう聞きたい気持ちはわかるが、実はそのような問いは、ジェネレーターということの本質を捉え損ねている。ジェネレーターは、生成を起こし促す人である。生成は行為ではなく出来事だ。それは、何をしたら（行為したら）どうなる、という話ではなく、そういう「生成が起きる」という出来事に関わるということを意味している。

そのような事態を捉えるためには、僕たちは、自分たちの当たり前になっている言語（日本語や英語など）の制約から一度自由になる必要がある。そのためのキーワードが、「中動態《ちゅうどうたい》」（middle voice）だ。

中動態というのは、エミール・バンヴェニストの『一般言語学の諸問題』[57]で論じられ、日本では、國分功一郎さんの『中動態の世界』[58]で広く紹介され、脚光を浴びるようになった。その本の前にも、『芸術の中動態』[59]という本があり、そちらでは、僕たちの関心に近い「つくる」こととの関係が論じられている。[60]

さて、中動態という言葉は、能動態（active voice）や受動態（passive voice）というのと同じように、言語の文法の言葉であり、文の「態《たい》」を表している。能動態や受動態は英語の勉強で知っているけれども、中動態というのは聞いたことがないだろう。それもそのはず、中動態は、人類の古い言語にはあったが、現在僕たちが使っている言語には無くなってしまった態だからだ。

興味深いのは、昔は、受動態というのは無かったということだ。昔のインド＝ヨーロッパ語や、古代ギリシア語、サンスクリット語などの言語では、能動態と中動態しかなかったのだ。それが言語の変化によって、中動態が無くなり、受動態が生じた。つまり、昔は、能動態／中動態という組み合わせで、その後、それは能動態／受動態の組み合わせになったというのだ。

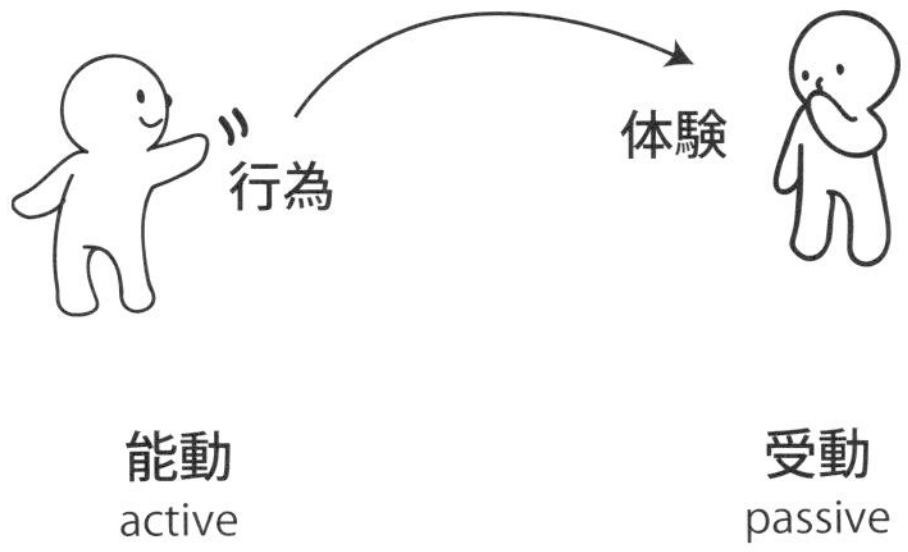

図5-4：能動態／受動態の違い

それではその中動態とはどういうものなのか、ということなのだけれど、それを説明する前に知っておくべきことがある。それは、能動態／中動態という組み合わせのときと、能動態／受動態の組み合わせのときは、同じ「能動態」でも、意味が変わってくるということだ。それは、組み合わせの相手が違うので、説明の軸の置き所が変わってくるということなのだ。態の説明は、その区別・違いを踏まえての説明の方がわかりやすいので、まずは、馴染みのある能動態／受動態の話から入り、その後、能動態／中動態の話をしよう。

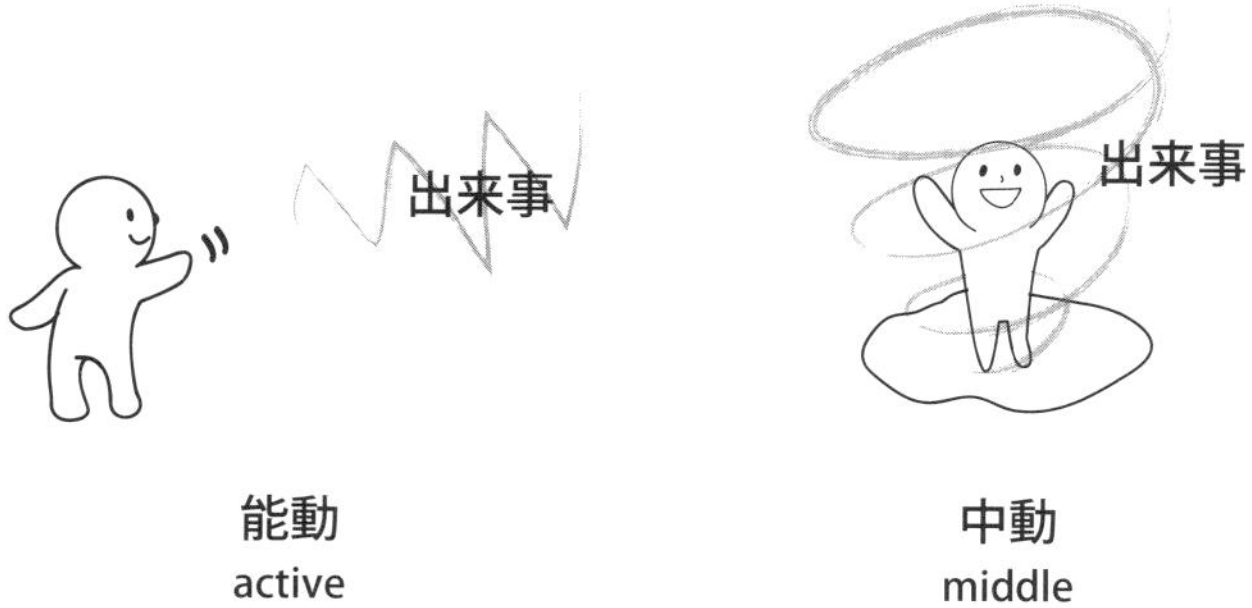

図5-5：能動態／中動態の違い

能動態／受動態の組み合わせのとき、能動態は「主語の人が、ある行為をする」ということだ。これに対して、受動態とは「主語の人が、何かをされる（受ける）」ということを意味している（図5-4）。なんてことはない、よく知っている話だ。いま、AさんがBさんの体を押したとする。このとき、Aさんを主語にすると、その文は能動態（押した）になり、Bさんを主語にすると受動態（押された）になるわけだ。

それでは能動態／中動態のときはどうなるのだろうか。バンヴェニストの『一般言語学の諸問題』によれば、能動態／中動態の組み合わせにおける能動態は、「動詞は主語から出発して、主語の外で完遂する過程」を指すことになる。これに対し、中動態というのは、「動詞は主語がその座となるような過程」を指し、そのとき「主語は過程の内部にある」ということになる。

國分さんの『中動態の世界』での説明がわかりやすいので引用すると、「能動と受動の対立においては、するかされるかが問題になるのだった」が、「能動と中動の対立においては、主語が過程の外にあるか内にあるかが問題になる」のだ（図5-5）。

このような中動態のことを理解するためには、動詞というのは、古くは「行為」ではなく、「出来事」を表していたということを知る必要がある。國分さんの言葉を借りると、古くは「出来事を描写する言葉」だったものが「行為者を確定する言語へ移行した」というのが、言語の歴史なのである。つまり、中動態は、（人の行為ではなく）主語を場とするような出来事の描写を表していたのである。それは、出来事が起きる位置を表すのであって、誰がそれをするのかを特定する必要のない言語表現であった。これは、動詞というものが、いつも主語の人間の行為となる言語に慣れ親しんでいる僕たちからすると、新鮮な驚きがある事実だ。

このような中動態が適している動詞には、「生まれる」、「眠る」、「想像する」、「成長する」、「欲する」、「畏敬の念を抱く」、「希望する」、「見える」「聞こえる」、「抱き合う」、「闘う」などがあるという。例えば、「眠る」というのは、眠りが自分のところで起きているのであって、能動とか受動では表せないということがわかる。「成長する」も、自分が成長するのであって、能動的に成長するとか成長させられるという受動態もそぐわない。「欲する」とか「畏敬の念を抱く」、「希望する」も、自分の能動的なコントロールでもなく、しかし誰かから被るという受動でもなく、自分を場としてそういうことが生じているということを意味している。さらに、「抱き合う」や「闘う」も、そういう状態にあるとき、「どちらが抱き合っているのか」、とか「どちらが闘っているのか」ということを問うのは変な話だ。その人たちを場として、抱き合うことや闘うことが生じているのである。

ジェネレーターが巻き起こす生成ということも、このような中動態で表されるような事態なのだ、と僕は考えている。つまり、自分も場の一部となり、自分たちのなかで何かが生じてくる、成長し、何かが見えてくる、そういう出来事が生成＝ジェネレートということなのだ。

國分さんは『中動態の世界』のなかで古代ギリシアには、意志という概念・言葉がなかったのは、中動態の世界だったからであって、言語が能動態／中動態から能動態／受動態へ変化することと連動して、行為の意志を問うて責任を追及するという考え方が生まれたのではないかという仮説を提示している。ジェネレーターの生成も、誰がどのような意志・意図で行ったのかということは重要ではなく、二の次となる。それは、単に責任放棄ということなのではなく、そもそも生成＝ジェネレートということがそういうことなのだ。

森田亜紀さんは『芸術の中動態』のなかで、次のように説明している。

「中動態で表される事態において、主語は動詞の表す過程の中にいわば巻き込まれている。言い換えれば、中動態の動詞は、名詞の主語に従属する述語ではない。中動態によって、われわれは主語を前提としない述語、さらに言えば、主語に先立ち主語をそこから成立させる述語というものまで、考えることができるように思われる」[61]

まさにこの意味での中動態の状態にあるのが、「ジェネレート」ということの本質なのだ。生成の現場に入り込むと、自分はたしかに関わってはいたが、「自分がジェネレートした」という自覚はなく、何をしたらそうなったのかということも明確にはわからない。しかし、ジェネレートされた場にいたという実感だけは確実に残る。ジェネレーターとして何かをしたという能動的行為の記憶ではなく、出来事の中にいて、その一翼を担っていたという体感だけが残っている。自分がその場に溶け込み、自分たちを場として生成が起き、それを自分も体験している。そのような出来事への関わりは、まさに中動態で表されるような出来事なのだ。

そうであるのに、「ジェネレート」ということを、「誰かがジェネレートする」というように能動的な行為としてとらえると、僕や市川さんは何をしているのか?という問いになってしまう。けれども、そういうものではなく、そもそもジェネレートという出来事が起きるのだ。そこに僕らは関わり、巻き込まれ、参加し、味わい、その一翼を担うということなのだ。

古代ギリシア語やサンスクリット語にあった中動態という考えが、その後なくなってしまったのは、人間中心の世界観が強固になってきたからではないだろうか。僕は、古代ギリシアと東洋の考えは通じ合う部分が多いことから、人類は古くは西も東も同じような感覚を持っていたのではないかと考えている。その後、西洋のロゴス的世界観が強固になり、人間中心の近代的自我の意識が強くなり、現在のような世界観に到達したと思っている。

そういう世界観のまま、「ジェネレーター」を捉えようとすると、そこで起きていることとは異なる、変形を伴った理解になってしまうだろう。なぜなら、能動態／受動態のフレームでは捉えられない中動態で表されるような出来事に「参加」し、それをますます勢いづけているのが、「ジェネレーター」だからだ。能動態／受動態で分けて考えてしまうから、ジェネレーターという「主体」が、周りの他の人たちに何かをしているという話になってしまう。しかし、そうではない。僕たちが提唱している「ジェネレーター」は、中動態で表されるような出来事の「場」に溶け込み、なりきる人なのだ。

市川さんが子どもと一緒にまち歩きをしているとき、彼は中動態的な出来事の中にいる。だから、発見の連鎖を促すために、周りにいる子どもや大人の発見を引き出す行為「主体」になろうとはしない。ある活動をしている最中や、活動をした後に、一緒になってみんなで面白い仮説を言い合う流れに参加している。発見を一つの素材として子どもたちが生み出すアイデアと仮説に反応して、盛り上がり、もっと仮説を面白くするという場に没入しているのだ。

僕の場合も同様で、さきほどの井庭研でのロゴの作成のときも、学生たちと研究を進めているときも、よりよいものを生み出すこと・つくることが起きるように、中動態的な出来事の中にいて、何事かが生成するように、全力を尽くしているのである。

自己の「内側」と「外側」が一体化して「参加」するのがジェネレーター

もう一つ別の糸口から、ジェネレーターが生成に溶け込んでいる、という話をしたい。ここで取り上げるのは、モリス・バーマンの『デカルトからベイトソンへ──世界の再魔術化』という本だ。この本は柴田元幸さんが翻訳を手掛けた本で、最近新装版が出て、落合陽一さんやドミニク・チェンさんが帯を書いたこともあり、改めて話題を呼んだものだ。この本のなかに、「近代化」によって失われた「参加」ということについて語られている部分がある。

「(近代科学による) 醒めた思考、参加しない思考、見るものと見られるものとを断固区別する思考は現在も圧倒的に推し進められているのだ。科学的意識とは、自己を世界から疎外する意識である。自然への参入ではなく、自然との分離に向かう意識である。主体と客体とがつねに対立し、自分が自分の経験の外側に置かれる結果、まわりの世界から『私』というものが締め出される」[62]

ここで述べられたことがまさに僕たちの置かれている世界の状況なのだが、この本で改めて取り戻したいと考えている「参加」の姿とは、以下のようなものだ。

「我々が語ってきた『参加』とは、自己の『内側』と『外側』が体験の瞬間において一体化することである。そして、これは、ホメーロス以前のギリシャ人と、(彼らほどではないにせよ)

中世のイギリス人と、今日のアフリカ部族民に共通する知の営為である。」

「そこでは私は皮膚を越えて、まわりの世界にしみ出していく、文字通り〝out of my mind〟（私の心の外に出た＝狂った）の状態に入るのである……これらに共通するのは、内と外、主体と客体、自己と他者とが、境界を貫いて結ばれること」

これこそ「ジェネレーター」の「参加」の姿そのものだと僕は思う。「ジェネレーター」は、自分と他者、つくっている主体である自分とつくられている客体としての対象というような区別をまったく意識しない。むしろ「ジェネレーター」はつくる対象や仲間と一体化している。だからジェネレーターがやっていることを、スキルとは捉え難いのである。

「私」と「私のすること」を引き裂いた近代社会

「ジェネレーター」は、コラボレーションしてみんなでつくり、つくる対象にどっぷり入り込む。市川さんの場合だったら、野を探検するときには自然やまちと一体となってしまう。このあたりの話は、ウィリアム・ジェームス、ジョン・デューイ、西田幾多郎の言う「純粋経験」に通じる話で、出来事そのものや経験というものが先にあるのであって、「主体」が何を「している」というふうな構図での把握は、後から分析的に振り返ってみるときのことでしかない、というわけだ。バーマンは『デカルトからベイトソンへ』で、次のように述べている。

「現代人にとっても参加する意識は、ごく日常的に現れているのだ。（近代以前の人間と違って、その事実に目を向けようとしないだけだ）。私にしても、たったいま、そのことを意識するまでは、タイプのキーを叩くことに没入していた。この文章を書いている『私』というものをまるで感じていなかった。同じことは映画館でもコンサート会場でもテニスコートでも起こる。『私』が『経験をする主体』なのではなく、経験そのものになる、というのは何も特別なことではなく、私というものの常態なのだ。前近代の人間は、そのことを身をもって感じて生きていたのに、我々は目を背け、私の『すること』を私から引き離し、『私』が自らの行為を外から操る不動のコントロール・センターなのだとくり返し確認しようとする。」

本来は「私」と私の「すること」は不可分なのに、近代社会にどっぷりつかる僕たちは主体が何かをしていると分けて考える思考にはまりこんでいる。しかし、僕たちが「ジェネレーター」として考えるときはそうではない視点・発想で見ていかなければならないのである。

自分をものさしとして自分を計測するジェネレーター

パターン・ランゲージを提唱したクリストファー・アレグザンダーは『ザ・ネイチャー・オ

ブ・オーダー』[63]という本の中で、いきいきとした質や美というものを「測る」ということは、客観的な手法ではできなくて、「自分を計測する装置にせよ」ということを言っている。これは面白い言い方だけれども、本当にジェネレーターは「感じる」ことを重視する。

質は計量的には測れないので、あるものがいきいきしているか、生命性を帯びているかということは、何かの機械装置のメーターでどのメモリまでいったかという方法では判断できない。質を感じたときの内面のフィーリング（実感）をものさしとして使いなさいとアレグザンダーは言うのである。

フィーリングというのは、感情（エモーション）ではなく、「実感」のことだ。フィーリング（実感）は、感情のように主観的で変わりやすいものではなく、それ自体が信頼できる道具であって、それを踏まえていくことができる。単なる直感にとどめるのではなく、観察技術として高めてゆくことができ、そうして高めた実感を用いて観察し測ることが重要だというわけだ。

「ジェネレーター」は、まちを歩いたり、何かをつくったりしているとき、自分の全身全霊を入れこんで「面白い！」と判定したり、どの程度面白いのかを測定したりする。アレクザンダーの考えに従えば、「ジェネレーター」が「面白い！」と判断するのは、主観的でいい加減なものではなく、フィーリング（実感）に根ざした立派な判断基準になり得るということがわかるだろう。

西洋的ロゴスの思考を乗り越えて、何かを感じる人になる

古代ギリシャ語だけでなく、サンスクリット語にも中動態にあたるものがあったことからもわかるように、それは仏教的世界観や東洋哲学にも通じていると僕は考えている。「他力本願」という考え方も、他人任せではなく、「中動態的生き方」で何かに没入することの大事さを訴えたものなのだ。しかし、バーマンが述べていたように、近代的・科学的な思考が中心となって、僕たちはそのような感覚から遠のいてしまった。[64]

中動態的な感覚は「生きる」ということに直結しているからこそ、「生きる」ことの阻害が問題視される現代社会において改めて注目されるに値するものだと言えよう。西洋のロゴス的世界観だけでは立ち行かないのではないかという背景があり、中動態的あり方が見直されているときに、西洋的な「リーダーシップ」ではない、よく見て、聞いて、感じるという「ジェネレーターシップ」が必要になってきている。

「イチローに人生のこときいてみた。[65]」というビデオの中で、イチローはこう言っている。

「よく言われるんですよ。特に負けてるチームはリーダーが必要だって。もちろん、いた方がいいですよ。いた方がいいですけど、もっと大事なのは、何かを感じようとする人間がいるかどうかなんですよね。だから優秀なリーダーがいたって、それを見て何かを感じる人間が周りにいなかったら、何にもならないんですよ、チームとして。でもリーダーが「一人」決まった人がいなくても、何かから何かを常に感じようとする姿勢がある人間が集まった方が、実は、チームとしてはうまく機能すると思います。なんとなく、こいつが中心かなとかって出てくるんですよね。出てこなかったらそれまでです。安易に、こいつキャプテンとやると上手くいかないんですよ、残念ながら。やりがちですけどね。

――『高校時代はキャプテンでしたか？』

キャプテンはやったことないです僕。

――『それは自分が拒んでましたか？』

いや、勧められたことがないです。」

奇しくもイチローは、リーダーか、キャプテンかということより、参加者みんなが何かを感じとろうとしていることの方が重要だと述べている。何かを感じとろうということこそ中動態的な立ち位置のジェネレーターシップそのものであり、実はイチローはジェネレーター的ふるまいを重視していたことがわかり非常に興味深い。

ジェネレーターは没入し、自分が場の一部となって発見の連鎖に加担する

ここまでジェネレーターが中動態的なあり方をして、周囲の物事をよく見て、感じとっている

ことを述べてきた。僕たちは誰もが出来事の中にいるので、実はいつでも中動態の状態に置かれているると言える。しかし、主語となる主体を感じ、能動態／受動態の枠組みの中にずっといる身からすると、自分を場として生じているとは思いにくいかもしれない。

逆に、普段、教師・親・リーダーとして、醒めた思考になり、参加せず、一歩離れて外から見ていないかと問われると、誰でも思い当たるふしがあってギクッとするだろう。ファシリテーターとして、教師として、もしそうなっていたら、一歩踏み込んで、相手とともに同じ企みに参加してみるのがジェネレーターへの道である。

教える／教わるの知識伝達だと、できる人／できない人が、あるいは、知っている人／知らない人の差があるから「一緒に参加」はしにくい。しかし、何かを一緒につくるとか、フィールドに出て探検してみるときには、フラットな状態でコラボレーションできるので自他の境界なく没入しやすい。ジェネレーターになる道は、こうしたちょっとした参加から始めるのがポイントである。

「ジェネレーター」は、中動態的な状態に飛び込み、目の前の現象とか出来事の中に没入し、感じとる。先ほどのロゴづくりの例で言えば、ロゴをつくることで生まれる発見の連鎖が重要であり、学生か教員かという立ち位置はまったく本質ではない。よりよいものをつくることを通じて成長の道を一緒に歩いてゆくことが何よりも重要であり、ロゴを誰が生んだのかということは、没入するプロセスの中で完全に消失し、みんなでつくりあげ、成長することを喜べる仲間になっている。
僕にとっての「創造」とは、発見の生成・連鎖のことである。この「創造」のプロセスにおいて、「ジェネレーター」は、コミュニケーションの生成・連鎖と発見の生成・連鎖に加担する。ファシリテーターも、コミュニケーションと発見の生成・連鎖を促す役割をしているが、それはその生成・連鎖の外側で促しているのだ。これに対して、ジェネレーターは、そこで起きていることの内側に入り、本気で没入し、参加するのである。こうしたマインドセットが基盤にあって、エピソード4で市川さんが明らかにした「ジェネレーターのふるまい」が生成されるのである。

ジェネレーターシップの「定義」

最後にジェネレーターシップとは何かということをまとめてみよう。「コミュニケーションと発見の生成を促している」というような定義にはしたくなかったので、改めて考えてみた。「○○シップ」という接尾辞は「性質」とか「状態」とかを表すので、それにのっとってまとめるとこうなるのではないか。

ジェネレーターシップとは、出来事・物事が生成することに参加し、（主客・自他の境界を溶かし、あいまいにしながら）**そこで起きていることをよく見・聴き・感じ・拾い上げ、その出来事の内側**

でその生成を担う一部となるということ、そして、世界へのそのような関わり方

これこそが、ジェネレーターシップだと言えるだろう。ジェネレーターがジェネレーターシップを発揮しているときには、物事の生成の内側に参加し、つくっている主体とつくられている客体、自分と他者というような境界があいまいになっている。それは適当にやるということではなく、主客を分けることが二次的で、重要ではなくなり、出来事や物事の生成に没頭し、参加しているということだ。だから、世界にいつもそういう形で関わっていれば、ジェネレーターシップを発揮することがそのまま「生き方」になってしまうわけである。

根本のところに今述べたジェネレーターシップという「性質・状態」がなければ、どんなにうまく場をファシリテートできていたとしても、ジェネレーターではない。ジェネレーターのふるまいを「こうすればいいんだ」というふうに表面的な行動やスキルとしてとらえるのではなく、「ジェネレーターシップ」という「性質・状態」が根底にあって「ジェネレーターのふるまい」が生成され、出てくるということを肝に銘じて、「ジェネレーター」の「あり方」を考える必要がある。そこで、次章では、ジェネレーターシップという性質・状態を持った「人」が生まれる「場」の特徴という側面から考えてみたい。

56 ジーン・レイヴ、エティエンヌ・ウェンガー、『状況に埋め込まれた学習―正統的周辺参加』、産業図書、１９９３年。

57 エミール・バンヴェニスト、『一般言語学の諸問題』、みすず書房、１９８３年。

58 國分功一郎、『中動態の世界―意志と責任の考古学』、医学書院、２０１７年。

59 森田亜紀、『芸術の中動態―受容／制作の基層』、萌書房、２０１３年。

60 他にも、最近は、國分さんと熊谷晋一郎さんの対談本『〈責任〉の生成―中動態と当事者研究』（國分功一郎、熊谷晋一郎、新曜社、２０２０年）や、國分さんと斎藤環さんの講演をともに取り上げている雑誌『精神看護』２０１９年１月号などもおすすめである。

61 森田亜紀、『芸術の中動態―受容／制作の基層』、萌書房、２０１３年。

62 モリス・バーマン『デカルトからベイトソンへ―世界の再魔術化』復刊版、文藝春秋、２０１９年。

63 クリストファー・アレグザンダー、『ザ・ネイチャー・オブ・オーダー　建築の美学と世界の本質 ― 生命の現象』、鹿島出版会、２０１３年。

64 井庭崇、「創造社会における創造の美―クリストファー・アレグザンダーと柳宗悦を手がかりとして」、宇野常寛 責任編集、『モノノメ』創刊号、ＰＬＡＮＥＴＳ／第二次惑星開発委員会、２０２１年。

65 「イチローに人生のこときいてみた。」、人生１００年 イチロー人生すごろく、ＳＭＢＣ日興証券、２０１９年、https://www.smbcnikko.co.jp/ichiro/

Generator

Episode 06

場の力 ― Field Force ―

ジェネレーターとともにつくりだす舞台

市川　力・井庭　崇

ジェネレーターはプロジェクトの場への「生成的な」参加のあり方

ジェネレーターは、プロジェクトでやりたいことがあり、その場に生成的に参加したいという思いで日々生きている。人生がプロジェクトベース。ジェネレーターのＰＢＬは、Project Based Learningではなく、Project Based Lifeと言えるかもしれない。したがって、プロジェクトの時間だけジェネレーターであるというより、生き方全体がジェネレーターシップで貫かれていて、逃れられないという感じが近い。この点がスキルとは違うところだ。いつでもジェネレーターが基本である。

これは自分がジェネレーターではないと思っている人においても同じで、決まりきった流れ仕事や建設的でない会議ばかりの日々を過ごしているうちにジェネレーターモードをオフにする習慣になっているだけだ。

人は生まれながらにしてジェネレーターである。言い換えれば、人が赤ちゃんのときに示していた学びのスタイルがジェネレートして学ぶということだ。したがって、生成的に参加できる「場」をつくりだすことで、私たちが眠らせていたジェネレーター性が覚醒すると考えられるのである。

日常所属している組織の変革よりも「鎧」を脱げるささやかな場をつくることが先決

日常生活では、面白がろうと思っても、そんな自分を受け入れてもらえない組織に身を置いているので、自分を開くどころか、むしろ鎧を着けて自分を閉じて、防御しなければならないかもしれない。その場合は、やはり安心して鎧を脱げる場所を探すところからスタートするしかない。

井庭研の場合、学部学生に大学院へ進学することを推奨するのは、安全に面白がることができる場とどっぷりと浸かる数年間を確保するためだ。必ずしも研究者になるためではなくて、自分の力を伸ばしたり、自分の探究をしたり、何かをつくったりする場として大学院の時期を捉えている。

もちろん大学院に行かなくても、働きながらできることではある。しかし、大胆につくることを通常の組織で認めてもらうのは大変だし、鎧を着けて対処する現実にどっぷり浸らざるを得ないことも多い。だから、まずはリスクも責任も少ない中で鎧を脱いで何かを徹底的にやってみる経験を積むのがいいだろう。こうして経験を積んで慣れてくれば、どんな場合でも鎧をはずして面白がれるようになる。

自分が属する組織や社会を変えようとすることはとても大事だが、ジェネレーターシップの本質は自分がどう変わるかというところにある。自分が率先して面白い状況をつくりだし、そこに自分がまず没入し、中動態的な生き方をしてゆく。そのために、親子、友達というような思いを共有する小さな仲間とともにジェネレーターシップを発揮する場をつくることからスタートするのがよい。

面白がる場は、決して人と何かをする場だけに限らない。植物や野菜を育てるような自然と関わる場を持つのもいい。植物を育てようというとき、僕らができるのは水と肥料をやるというぐらいで、ほとんどコントロールできない。「こんな花が咲いた」「こんなに実ができた」「今年のミニトマトは調子が悪いな」というように相手が育ってゆくのに寄り添ってゆくしかない。相手が人間だと、相手側の都合や作為が自分に絡んでくるし、相手を変えてやろう、コントロールしようという気持ちが出てきてしまう。しかし、植物相手にはそういう気持ちが働かないので、場に任せ、感じるためのよいトレーニングになる。

現在の社会状況において人々は余裕がなく、厳しい現実に直面することを避けられない。組織立ててすぐにその状況を変えるのはなかなか困難だ。だからこそ、鎧が脱げるささやかな場をつくってみる。そのために仲間を募り、どんなことでもいいから試してみる。会社をつくって起業するとか、新しい学校をつくるとか、たいそうなことを構想しなくていい。野菜づくりに没入してもよし、みんなで料理をつくってみるのを楽しむ会からスタートしてもよい。そうすると、個の境目が消えてみんながつくるプロセスに没入する瞬間が訪れる。つくりながら気づいたちょっとしたことをみんなでワイワイ語りあってゆくうちに、自らフタをしてきた「面白がる」感覚が目覚めるはずだ。

大人と子どもが一緒に企み、思いつきを解き放つ場をつくる

日々の硬直した人間関係をジェネレーターとしてのあり方のトレーニングの「場」として活用できないわけではない。組織をジェネレートすることを考えずに、自分をジェネレートする場面ととらえて「場」に臨み、ちょっと変わった観点からの気づきを臆せず場に投じてみるのだ。とはいえ、わざわざみんなと違うことを発言し、周囲から浮いてしまうのはあまりにもハードルが高い。それならば、天然のジェネレーターである子どもと一緒に何かをたくらんでみる「場」を設定してみよう。大人は恥ずかしさや体面が邪魔をして、子どものように素を出すことがなかなかできない。しかし、子どものときに発揮していた面白がる気持ちや好奇心は失われていない。子どもと大人の差は、思考や感情が硬くなり、面白がるスイッチが入りにくいだけだ。そんな大人が、子どもとともに何かに取り組む機会を持つと、かつて自然に発揮していた好奇心を取り戻

す。

その第一歩として一番やりやすいのは、子どもたちと身のまわりを散策することだ。彼らは、人だけでなく人工物にも草にも虫にもフラットな関係性を築く。子どもと一緒になって歩く「場」に参加し、子どもの感性に触れることで自ずと大人の鎧がとれてゆくだろう。

天真爛漫に見える子どもたちも実は、誰かの期待に応えようとしたり、「そんなのあるわけないよね」と言われることを恐れていたり、好奇心のフタが閉じかかっていることが多い。大人と同じぐらい、場合によってはそれ以上に、ここは思いつきを披露する場だという認識を持たせることはとても重要である。外をあてもなく歩くのがよいのは、会議室や教室のような閉じた空間を飛び出ると、頭と体と心が自ずとゆるむからである。そうした「場」で、鎧をまとった大人とフタを閉じ始めた子どもが、お互いの素の気持ちを分かちあい、フラットに関わることから始める。この大人は自分を受けとめてくれると思えば、あっという間に子どもは好奇心のフタを全開にする。それにつられて硬くなった大人も子どもと一緒にハメを外して馬鹿なことを言ったり、やったりできるようになるのだ。

大人と子どもが一緒に学ぶシチュエーションをつくることはこれからの学びの場づくりにおいてとても大事になってくる。そのときに大人「が」子ども「を」教えるのではなく、大人「と」子どもが対等に同じことをしたり、つくったりすることが大きなカギを握る。

図6-1に示したように、子どもには子どもの強み、また、大人には大人の強みがある。お互

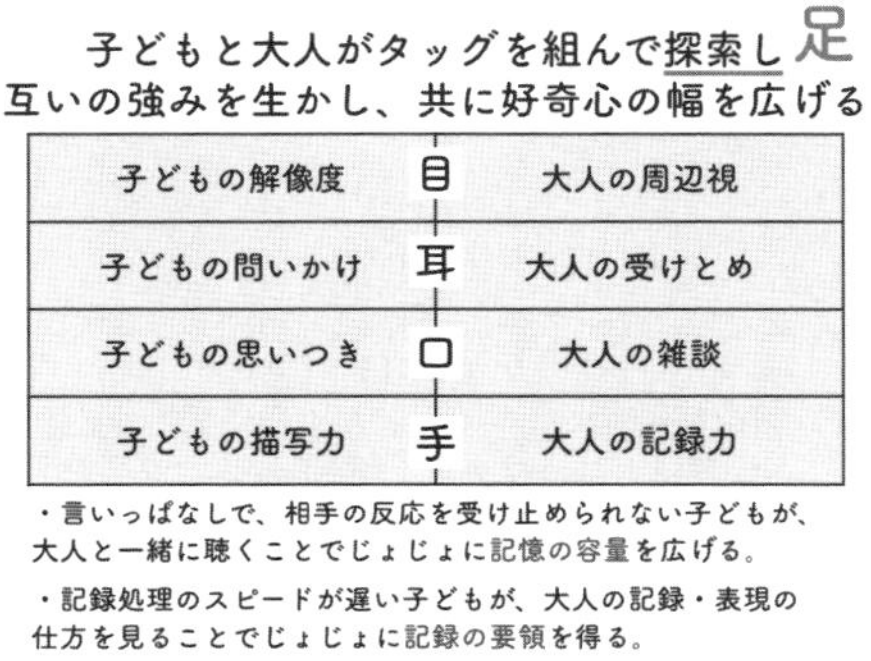

子どもの解像度	目	大人の周辺視
子どもの問いかけ	耳	大人の受けとめ
子どもの思いつき	口	大人の雑談
子どもの描写力	手	大人の記録力

・言いっぱなしで、相手の反応を受け止められない子どもが、大人と一緒に聴くことでじょじょに記憶の容量を広げる。
・記録処理のスピードが遅い子どもが、大人の記録・表現の仕方を見ることでじょじょに記録の要領を得る。

図6-1:子どもと大人がタッグを組むことの効用

いの強みを生かしてタッグを組む。周囲を見回して別のことを俯瞰的に眺められる大人と、細かい部分への解像度が高い子どもがタッグを組めば観察力のレベルが一気に上がる。子どもの耳には天からのいろいろな問いかけが聞こえ、思いつきを臆せず口にする。そんな子どもの発言をひたすら大人は受けとめ記録する。そうすれば、よい思いつきを口にしても片っ端から忘れてしまう子どもの記憶の容量を補うことができる。また、大人が何でも書きとめ記録する姿を子どもに見せることで、子どもに記録の要領のお手本を示すこともできる。「そう言えば君の話からこんなことを考えたんだけどね」と別のエピソードに発展させる雑談力は大人の力の見せどころだ。大人が子どもと一緒に散歩しながら、「これ面白いね」と自分の面白ポイントを子どもに熱く語ったり、子どもが発見したことに興味を示して「それ面白いなあ」と反応する。大人と子どもがフラットな関係で見えないなりゆきをともに追いかける仲間となることでジェネレーターシップが湧き出すと言えよう。

教育場面におけるファシリテーターのマインドとジェネレーターのマインドの使い分け

ジェネレーターは、教育的に配慮する必要がある場合や学生たちが自分で考えないといけない場面では意識してファシリテーターに徹し、自分の意見を出さずに問いかけたり、よい議論ができるように交通整理したりする。しかし、教えて教わる関係や相手を支援する関わりがベースではない。一緒に何かをつくりあげる仲間であることがデフォルトであり、自分が知識を伝える必要があれば意識的にティーチャーになり、場の雰囲気がまずいなと思ったら一歩引いて意識的にファシリテーターになろうとふるまっているに過ぎない。

よくジェネレーターはどのように場をまわすのかと質問されるが、ジェネレーターは多くの場合、見えないなりゆきを追ってゆくので、そもそも場をまわせない。見通しはまだないし、何から語ってよいかもはっきりしない。コミュニケーションをとるだけでは解決しないケースに直面しているのである。だから、語る前にあてもなくどこかをふらついたり、自分が感じたことを素直に出して、とりあえず何かやってみることから始めようということをジェネレーターはせざるを得ないのである。

目先の成果を追わず、つら楽しく生成し続ける場をつくるのがジェネレーター

見えないなりゆきを追いかけて何かをともにつくるプロセスは、心地よく進行し、明らかな成果が得られて終わる場ではない。停滞し、黙って考え続ける状況に陥るのは不可避である。このプロセスを「相手をファシリテートして乗りきろう」とは発想せず、「ともにつくる仲間として請け負う」のがジェネレーターである。

もちろん、なりゆきがどうなるかわからない場だから適当でよいとはまったく思っていない。みんなで取り組んで、何かよいことを起こそう、発見を生み出そうと最大限の努力をしている。今日は最低だったなあとかあまり興味が湧かなかったなあとかいう事態も起こり得ると覚悟して場に臨む。その場をうまくおさめよう、まとめようとは思わない一方で、うまくいかなくても仕方がないでは済ませない。「今日はうまくいかなかったけど、こういうことが分かってよかったね。また明日、別の形でチャレンジしてみよう」と粘り強く取り組み続ける場をつくるためにジェネレートする。サービス提供者と受益者の関係ではなくて、ともに生成する仲間となるのである。

ジェネレーターがつくろうとしている「場」は、「つらさ」と「楽しさ」が同居して「生成し続ける場」だ。一、二度やっただけでうまくいかなかったからと言ってもう終わりとは考えない。逆に、一度だけちょっとうまくいったから成功だとも考えない。たくらみ始めてからあれこれ

のである。

「生成」してここまでできたととらえ、不断の積み重ねを厭わないのがジェネレーターシップなのである。

強者と弱者が生まれないフラットな関係を生み出すメタメタマップ

ともにつくる「つら楽しい」プロセスでは、ある人が失敗してしまったとか、ある人の意見が採用されなかったとかいうことが当然起こってくる。そうなると、いくら自他の区別はない中動態にあるとは言っても、私のせいかなとか、ああやっぱり私はダメだとか、気持ちが落ち込む仲間が出る。ただ、それが強者と弱者、勝者と敗者の構図にはならないのがジェネレーターシップが働いている場だ。

なぜかと言うと、それぞれの人の発見が融合して何かが生まれ、つくられるという了解が場に満ちているからである。そうなるためにはすべての人の発見が必ずなんらかの寄与をしているのだという受けとめが大事である。サッカーの比喩で言うならば、最終的にゴールを決めた人が、結果的に採用されたアイデアを出した人に相当するが、そこまでに数々のパスがあり、そのパスがあったからこそ最後の人がシュートし得点を決めることができたに過ぎないと考える。

それぞれの人のどんな思いつきも、ジャッジせず模造紙に記録する。さらに発言は、なるべく話された通り丸めずに書きとる。こうしてできあがったマップをメタメタマップと呼ぶ。なぜ「メタメタ」と名づけたかというと、どんな発見でも言ってもらうように促し、そのすべてを丁

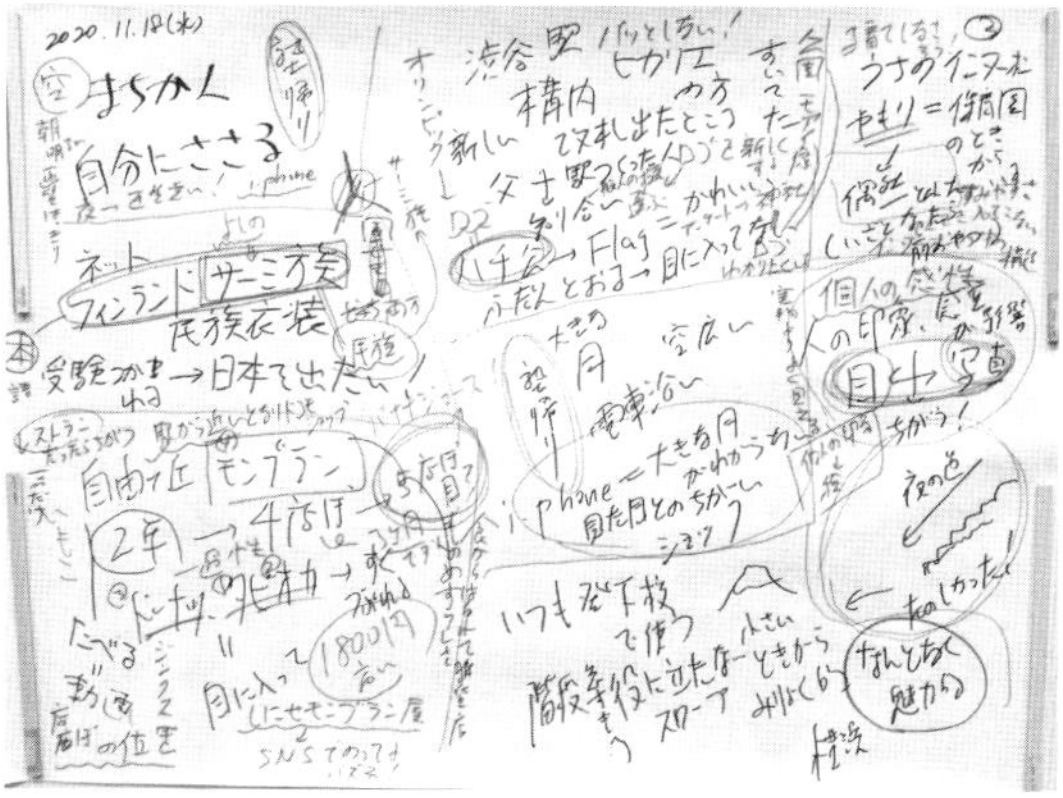

図6－2：メタメタマップの実例

寧に受けとめ分類せずに記録すると図6－2のように「メタメタ」な見た目になるからだ。

　どんな意見も拾って書かれることで発想の「芽」が「多」く潜むことになる。だから「芽多《メタ》」。さらに、誰の意見か記名せずに書きとめるので、いろいろな人の意見が自ずと目に入り、自分以外の「他」者の「目」で物事を眺めるように促される。だから「目他《メタ》」。さらに「メタ」には俯瞰して、別のレイヤーから見つめなおす意味がある。いろいろな意見が出されてたくさんの点が集まった「芽多」で「目他」の模造紙を「メタ」に俯瞰して眺めることで、それぞれの意見が線や面としてつながり、新たな発見がジェネレートする。

　メタメタマップによって、どの発見も等しく価値を持ち、最終的に決定した意見・発見の礎になっていることが参加したすべての人に了解され、フラットな関係性が生まれる。こうした関係性の中でメタメタマップを何枚も記録してゆくことで、エピソード9で述べる「合わせずにズレながら重ねて発見と創造をジェネレートする対話」ができるようになる。

もちろん、メタメタマップを作成する際には、声が強い子とか仕切ろうとする子が現れ、ジェネレーターがたしなめることもある。しかし、それは道徳的マナーや他者への思いやりというソーシャルな文脈で行うのではない。創造プロセスにおいて、何が面白くなるかがわからない段階で発見を言えなくするような圧力は断固として排除するという、今、この場に起きている発見の生成・連鎖にストイックに仕える者としての心の叫びなのだ。

メタメタマップにはプロジェクトのプロセスで自分たちがどんなことを考えたかがそのときの質感とともに記録される。単なる発言のログではない。どんな気持ちでどんな冗談を言いながら思いついたかが、模造紙を眺めなおすとよみがえるのだ。きれいにまとまっていないからこそ、言葉が浮遊しているように見え、発想するプロセスの瞬間をとどめている。メタメタマップは「事実」以上の「質感」をとどめ、それを見た瞬間その時に戻ったかのように「思い出す」ことを可能にするトリガーマップとなるからこそ発想を後押しするのである。

創造に真剣に向きあい、ジェネレーターも参加者も対等にしのぎを削る場

みんなが一緒に同じように成長し、みんなの意見が平等に採用されて一つの意見が形成されるという幻想が、学びや教育の場面において強く根づいているように思えてならない。もちろん、

「自分の考えが正しい！」と無理やり従わせたり、民主的に進めているように見せながら実は暗黙のプレッシャーで誘導したりというのは論外である。ただ、よりよいものを「つくる」となったときに、最終的に「これはこうすべきだ！」と誰かの意見に決まるときがある。その誰かは、ジェネレーターである教師の場合もある。だからこそエピソード4で明らかにした、ジェネレーターシップの3つ目の行動特性である「ひたすら続ける」ということが大事になってくる。

仮に、ある場面で教師であるジェネレーターのアイデアが採用されたとしても、学び手がこの経験を生かして、次につくる場面が必ずやってくる。よいものをつくりだすプロジェクトは一筋縄では済まない。「ひたすら続け」てゆく中で、教わったことを活かして自分ひとりで挑戦する機会が必ず訪れる。だから、一つの場面だけ切り取って、ジェネレーターが引っ張りすぎかどうかを気にする必要はない。学生がちょっとつくらされてしまったということがあったとしても構わない。それよりもつくられたものの質が問われずに「なあなあ」で「みんな仲良く」つくった経験の方が始末が悪い。

「誰が」発見したかは生成・発見の連鎖においてなんら重要ではない。明らかにジェネレーターがよいアイデアを出したら採用される。大切なのは、よいアイデアかどうか本気になって追究する場であるという共通認識が参加者全体にあることだ。

教師としての立場を気にしてしまうのは、創造にきちんと向き合っていないということを吐露しているのも同然なのだ。学生が出したものがよいとなれば「それいいね！」と素直に採用し、ジェネレーター自身が出したものがよいとなれば「これいいでしょ！」と魅力をどんどん語ればよい。この時に、学生側から「そうですかね……」と却下されることもあり得る。こういう関係性は、つくる学びの目的は「よいものを生み出すことだ」ということを徹底し、ジェネレーターが出したものでも遠慮なくダメと言ってよいと伝え続けることで生まれる。

ジェネレーターが駄目な領域はたくさんある。それは学生も同じ。それぞれの強みを発揮し、お互いの発見を面白がり、リスペクトしあう。これがスーパーフラットな関係性でつくり続けるということだ。社会関係が優先される場から、ともにつくる場へとシフトすることでこうした関係性が生まれ、ジェネレーターは、出し惜しみしないで本気で相手と関わることができる。誰かに引っ張られ、互いに影響しあう体験を通して学び、成長してゆくという意味で、ジェネレーターシップは、経験あるメンバーの実践共同体に新参者が巻き込まれて学ぶ正統的周辺参加(LPP=Legitimate Peripheral Participation)[66]と似たような場で発揮されると言える。また、他者とともにまだできないことに取り組むことでできるようになる発達の最近接領域(ZPD=Zone of Proximal Development)[67]という考えとも深くつながっていると言えよう。

しかし、ジェネレーターシップが発揮される場は、正統的周辺参加とは微妙に異なる。それは、中心に「師匠」という存在がおり、その「師匠」のワザへのあこがれから、「ああなりたい！」という思いに導かれて成長してゆくわけではないからだ。なりゆきのわからない何かをつくりだすためにみんなでたくらむ場では、参加者はスーパーフラットに「周辺」から「参加」し

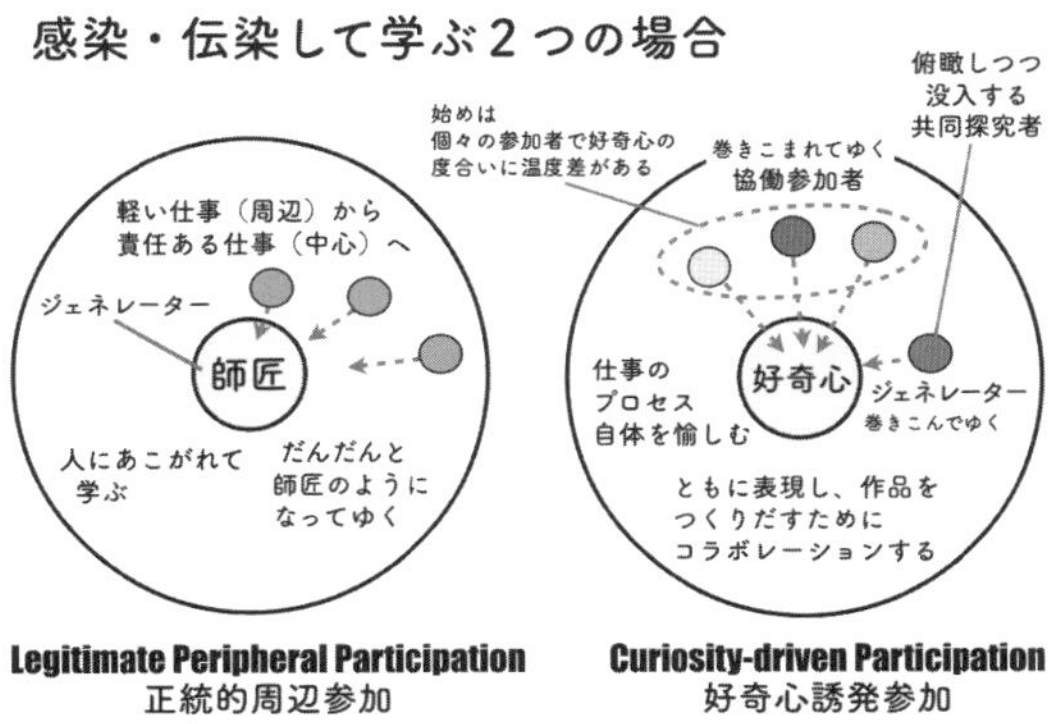

図6-3:正統的周辺参加と好奇心誘発参加の図

てゆくしかない。では中心に何があるかというと、なんだか知らないけれどやってみたいという「好奇心」だ。最初、ジェネレーター以外の他の参加者は、なんで取り組むのかわからないという気分でいる。その中でまずジェネレーターシップを発揮する存在が、「なんか面白そうだな」と何かを始める。やがて「周辺」の参加者の中に好奇心が誘発される人が現れる。1人また1人と参加者は次第に巻き込まれて、まだ見えない意味や目標をつかもうとコラボレーションを始める(図6-3)。師匠にあこがれ、師匠のようになろうと「周辺」の軽い仕事から参加し、次第に「中心」の重要な仕事を任されるという形ではなく、好奇心がだんだんと目覚め、仕事のプロセス自体を面白がるようになり、ともに表現し、作品をつくりだすためにコラボレーションする「好奇心誘発参加」という形ができる。こうして、相互の関係が対等でありながら、創造に真剣に向き合う場がジェネレートする。

ジェネレーターシップを発揮しやすい人数サイズ

プロジェクトを進めるには、「一桁の人数（9名まで）」というのがよい。2、3人だと少なすぎて、5、6人がベストで、多くて8、9人まで。イメージするのは、正岡子規の子規庵での句会、夏目漱石の漱石山房での木曜会、森鷗外の観潮楼での集まり、梅棹忠夫による私的研究グループの集まりである近衛ロンドと言った異業種の多彩な人たちが知的な関心で集まったサロンだ。

お互いジェネレーターシップ性が高い仲間であれば2、3人でもお互い触発しあってジェネレートの渦が強烈に巻き起こり、大いに盛り上がる。教員と学生の場合、非対称性を崩すためには、4人か5人ぐらいいれば、ジェネレーターとなる教員もメンバーのなかに埋もれることができ、学生もどんどん意見を言ってくれる中で教員もアイデアを出すことができる。

一方、対面授業がコロナ対策で制限され、オンライン授業になって気づいたことがある。リアルな環境では、空間的な制約があるが、オンライン環境では、大人数で発揮できるジェネレーターシップもあるのではないかということだ。慶應義塾大学SFCでは、2020年と2021年に、完全にオンラインで授業をやってきた。井庭が担当したSFCでの「パターン・ランゲージ」のオンライン授業では、2020年は120人で、2021年は60人でひとつのパターン・ランゲージをつくるというコラボレーション型の授業を実施した。クラス全体で見れば大人数であるが、4人程度のチームに分かれて作業をし、それを全体に編み上げるというプロセスで、全

図6-4:2人で生み出した「幸せのたまご」の方法

員でひとつの体系立った作品をつくった。学生たちの感想を聞くと、みんなでつくっている感じがした、と言う声が多かった。

これをリアルな教室で120人でやるのはとても難しい。オンラインだったからこそできたというのが実感だ。教室で後ろの方に座っていると、先生が遠いし、気も抜けてしまうが、オンラインだと、誰からでも先生が近い。全員が一番前の席に座っている感じなのだ。その分、エンゲージメントも強く、しっかりメッセージが届いているというのが、提出してもらったふりかえりの文を見るとわかる。オンラインで多人数に対してジェネレートする「場」をつくるということの可能性はあるかもしれない。

一対一でのジェネレーターもある

小人数グループや多人数でのジェネレートだけでなく、一対一でジェネレートしたり、されたりすることもある。井庭研のメンバーの1人と盛り上がり、取り組んだプロジェクトもあった。「幸せのたまご」はその一例だ[68]（図6－4）。

一番わかりやすい「一対一のジェネレーター」場面は、親子であろう。特にウィズコロナの時代になってから、家族の中で子どもをジェネレートする機会が増えた。子どもと一緒に散歩しながら、親が「これ面白いね」と自分の面白ポイントを子どもに熱く語ったり、子どもが発見したことに興味を示して「それ面白いなあ」と反応したりするとき、ジェネレーターシップが発揮されている。家庭での子どもとの関わりのように、異年齢・異世代の「仲間」とのインフォーマルな関わりにおいて、一対一での「ジェネ」がとても起こりやすいように思う。

プロジェクトの場にジェネレーターは何人いてもかまわない

プロジェクトの場に何人のジェネレーターがいるのが理想的かと質問されることがよくある。答えは、ジェネレーターはプロジェクトの場に何人いてもかまわない。これがリーダーとの違いだ。ジェネレーターは組織を統率する役割ではない。創造やコミュニケーションの場に臨む参加者のスタイル・態度のことだから一人に限定されず、参加者全員であってもいいのだ。

きっかけを起こすために面白がって動く役割を果たすファーストジェネレーターはいるだろう。この人は率先してジェネレーターシップを発揮している人と言える。ファーストジェネレーターが現れることによって、参加者もジェネレートされ、やがてファーストジェネレーターをジェネレートするふるまいをし始める。だんだんみんながジェネレーター的なふるまいをしてゆくようになるのである。お互いにジェネレートし、ジェネレートされる。「ジェネ返し」という現象が起き始めるのだ。

コラボレーションして何かをつくりだす場において、プロデューサーやディレクターという存在が必要になる場面がある。しかし、プロデューサーやディレクターは外の人であり、地位が上の偉い人になってしまう。そうではなくて、プロジェクトの中に一緒に降りて参加するジェネレーターという存在が加わることで、一気にコラボレーションは加速する。リーダー、プロデューサー、ディレクターであっても、一緒にみんなとつくりだしてゆく感覚を強く持つジェネレーターシップが、何かをつくりだすためには必要なのである。

とまどいと問いを与える「場」をつくり、トリックスターとしてふるまうジェネレーター

ジェネレーターがつくる場の特徴や、場における人数について、ここまで述べてきたが、もう一つ大事な問題が残っている。ジェネレーターにはどんなスタイルがあるかということだ。

若新雄純さんは「ゆるい創造」という完全にゴールがないプロジェクトを通じて何かを生み出すという画期的な実践を積み重ねている。[69] ＮＥＥＴ株式会社、鯖江市役所ＪＫ課、ゆるい移住といったすべてのプロジェクトに共通しているのは、こうなれば成功ですということは決めずに

「何か生まれます。何か生まれれば成功なんです」という形でつくりだすこと。これが「ゆるい創造」だ。

こうした「ゆるい」創造の「場」では、どんなことであれやろうとしていることは「つくる」ことであると認める「ゆるさ」が求められる。しかし、そこで起きていることはぬるま湯の心地よさではない。むしろ問題はそう簡単に解決はしないと覚悟して、問題と根気強くつきあう姿勢が求められる場なのだ。

例えば、鯖江市役所ＪＫ課の場合、集まった女子高校生はお菓子を食べながらただおしゃべりをしているだけの「場」だ。そこに関わる市役所の人たちは、当初「とまどい」を感じながら、女子高生の発想に寄り添うしかない。消防のはしご車に乗ってみたいと女子高生が言えば、「そんなことをやってどんな意味があるの？」と問わずに、とりあえず実行する。その結果、面白いことが見えてきて、市役所の人たちのまちづくりの意識が変わり始める。とまどいと問いを与え続ける「場」をつくり、そこに置かれれば意識変容が起き、「新しい何か」が生まれると信じて見守るのである。

「ゆるい」状況が必要とされるのは、創造を阻む「かたい」意識が私たちを縛っているからだ。あえてこれまでの常識という「かたさ」とは真逆の「ゆるさ」に身を置くことで「あやしい」魅力が立ち上がる。その「あやしさ」が「かたくてつまらない」日常を壊し、「魅力的」な日常を誘発するのである。

図6-5：原っぱ大学での自由な遊びの生成

一般社団法人みつかる＋わかる[70]の理事を務めている原っぱ大学ガクチョーの塚越暁さんも、若新さんのように、とまどいの「場」を提供するジェネレーターだ。原っぱ大学は、神奈川県逗子市の街中からちょっと入っただけの森の中でスタートした（図6-5）。何かがお膳立てされているわけではなく、何かをする予定もない状況に親も子も放りこまれて、そこで何をしてもよく、また何をしなくてもいい。山の中で木を振り回したり、泥んこになったりする子どもを一歩引いて見守ろうとしていた親は、始めのうちは自分の服がちょっと汚れることにも抵抗がありとまどう。しかし、女子高生に市役所の職員の意識が変容させられていったように、先に泥まみれになってはじけ始める子どもに巻き込まれて大人たちの意識が変容させられる。子ども「を」遊ばせるという意識が消え、大人自身「が」解放されるのである。

こう書くと、若新さんも塚越さんも人がジェネレートされる「場」を用意しているだけで自分自身はジェネレーターとして動いていないように思うかもしれない。しかし、2人は、ただ場をつくって外側で見ているだけではない。エピソード5で述べたジェネレーターのトリックスター性を大いに発揮している存在になっている。若新さんは、「場」の外にいるかもしれないが、自ら逸脱し、際《きわ》に向かうことを公言し、あえてズレる姿を見せることで、「場」の参加者たちに大きな影響を与えている。また、塚越さんは、原っぱの「場」の中に入り込み、一緒に活動し、「場」の空気を感じとりながら、トリックスターとしておバカなふるまいを率先して見せるときがある。2人とも、つくろうとしている場の雰囲気をともに生み出す参加者だという意識を持っているのであり、この意味でもジェネレーター的ふるまいをしているのである。

よりよい作品をともにつくり込むガチのジェネレーター

一方で、井庭研でパターン・ランゲージをつくりこむ場合のように、学生と本気のクオリティのものを作りだそうとなると「ガチ」で自分もアイデアを出す関わりが必要になるだろう。よりよい作品、あるべきカタチにつながる「アイデア」や「意味づけ」を容赦なく投げ入れることがある。

これは、TCSで子どもたちとプロジェクトに取り組んでいた「おっちゃん」の場合においても変わらない。小学生と大学生では最終的に求められる作品のクオリティにもちろん差はあるが、自分たちだけが満足すればよいのではない点では同じだ。アウトプットを公の場で発表し、「これは面白い！」と評価を受けるような質のものを目指す。

そうした場は、緊張感が伴い、つら楽しい場で、もう無理だとか、これぐらいにしておこうとか思い始める。ただ、そんな状況でも、「もっといいアイデアがあるはず」「だったらこうしてやろう」というように、意味をとらえ直そうとする動きをメンバー自身が起こそうとする。これをＴＣＳの子どもたちは「挑発」と呼んだ。「挑発」と言うと、おちょくったり、けしかけたりするネガティブなイメージを持つ人もいるかもしれない。しかし、創造の場における「挑発」は、他にもっと面白い発想があるはずだと考え方を揺さぶるものだと子どもたちは考えていた。自分自身をジェネレートし、その結果、みんなをジェネレートするために「挑発」するのである。

ジョーゼフ・キャンベルが見出した「英雄の旅」のプロセスで言うならば、「挑発」は、試練に直面し、危険な場所へ接近し、最大のチャレンジにさしかかったときに行われる。[71] もうひとつの世界という別様の可能性を探るべく、ジェネレーターは参加者と共に、つら楽しい創造の旅に出る。だから「挑発」は相手に向けたものというより、ジェネレーター自身に向けていると言える。さらに「挑発」には必ずユーモアが伴う。思わずクスッと笑ってしまう「ゆるみ」が「挑発」には込められている。そして最も大事なことは、同じ場で共に悩むことであろう。われらは一蓮托生。相手にやらせようとするのではなく、自分もどっぷり浸かって頭を抱える。こうした点で、ジェネレーターシップは、一方的で高圧的な指令やコンサルティング的なアドバイスとは一線を画するのである。

とらえ直しのショートパスを出し続けるジェネレーター

とはいえ、「挑発」するような意味のとらえ直しが求められるつら楽しさにいきなりみんなが耐えられるわけではない。つくりだされるアウトプットの質を高めるには、ジェネレーターがアメリカンフットボールのクォーターバックのように、より高いレベルを求めて遠くにパスを投げる役割をするときがある。しかし、かなりプロジェクトを積み重ねているメンバーでないとジェネレーターのロングパスはキャッチできない。

ジェネレーターシップには、相手のちょっとした発想を受け止め、それに別の意味づけをするという面もある。こちらは、アメフトに対してラグビーで小さなパスを出してつないでゆくような感じである。子どもや女子高生がおしゃべりしながら発した思いつきに「それ聞いてこんなこと感じたんだけど」とちょっとした意味のとらえ直しをする。そんなジェネレーターシップを受けて、安心して発見を口にすることができ、思わぬ仮説がみつかるのである。

これは小学生とのプロジェクトの開始時やプロジェクト慣れしていないメンバーとたくらむときはもちろんのこと、高校生でも、大人でも、何の方向性も見えない状況でゼロからとりあえず動き始めなければならない段階で求められるジェネレーターシップである。

ジェネレーターは機能であり、属人的特徴ではない

このようにジェネレーターのスタイルは、どんな創造の場なのかで変わる。つまり、ジェネレーター自身が身につけている属人的特徴ではない。状況に応じて意図的にスタイルを変えているのである。

もちろんあまり人と喋りたくないとか、繊細でいろいろなことが気になるとか、ジェネレーターシップを発揮しにくい性格はあるだろう。プロジェクトにおけるジェネレーターは、おしゃべりしながらたくらむので、おしゃべり好きには合っていて、楽しい。一方、多人数の前で話すことが得意でない人でも「仲間」とのジェネレートはできるだろう。そのレベルでの向き・不向きはあるだろうが、だからと言ってジェネレーターになれる人となれない人がいるわけではない。元気よくポンポン言うタイプではないが、黙ってニコニコと座っているだけでなんだかワクワクしてやりたくなってしまう場になるというジェネレーターシップの形もあり得る。

つまり、自分自身がジェネレーター向きかどうかを考えることにあまり意味はない。あくまでも創造の「場」に目を向けて、どんなジェネレーターが求められるのか見極めることが大事なポイントになる。さらに、その場において、自分がジェネレーターシップを発揮するか、それとも自分以外の誰かのジェネレーターシップを生かし、自分はその場で起こることを感じとり、「ジェネ」されて盛り上がる道を選ぶか考えることが求められるのである。

感情的にポジティブなのではなく、創造の「場」という「舞台」に巻き込まれている

ジェネレーターは失敗を引き受け、場を盛り上げ、明るく、面白がる人であることは間違いない。しかし、その力は個人の属人的な能力や性格を源泉としたものではなく、創造の「場」が生み出す力＝Field Forceなのだ。

当然のことながら、自分が失敗した場合はジェネレーターであっても相当落ちこみ、ため息も出る。失敗をなんとか乗り越えようとするが、落ち込まずにポジティブでいられる強い精神力はない。自分ではなく学生の失敗だったり、一緒に活動している子どものミスだったりしたときには「大丈夫だ、こういうこともあるさ」と冷静に対処できるに過ぎない。それでも何かに挑戦し続けようとするのは、失敗が生じた「場」から何か新しいものが生まれるはずだと感じとる習慣が身についているからだ。

科学的発見の場合でも、ビジネスの場合でも、失敗だったり、無用だと思ったりしたものの中に新しい発見を見出すことが多い。失敗の中に常識を超えてブレイクスルーするきっかけがあるかもしれないと思っていると、失敗したら新たな意味づけのチャンスだ！とワクワクできるだろう。精神的に強く、ポジティブに考える心理特性を持っているというよりも、失敗は次につながるきっかけであると思いこむ人に「なりきる」ことで新しい意味づけのための探索を開始するのだと思う。

どんなに明るいジェネレーターも、1日中ハイテンションで発想し続けているわけではない。疲れて、だるくて何もしたくないときもある。このように心は揺らぐものと覚悟し、心に依存せず、発見と創造のプロセスに身を任せる。自分の心の強さで乗り越えるのではなく、「場」に身を委ね、「場」を感じとり、柔軟に問題を解消しようとしている。

すぐに解決されることはなく、解決したと思ったらまた新たな課題が出てくるのが何かをつくるプロセスである。まさに「終わりが始まり」としか言いようがない。このプロセスが繰り広げられる「場」はジェネレーターにとっても、参加者にとっても一世一代の「舞台」に等しい。それぐらいやりがいがあるし、そこで生まれたものを世に披露したいという思いも強くなる。このときに自分の感情に左右されていては、あっという間に身体的にも精神的にもまいってしまう。だからこそジェネレーターは、新たな意味づけを繰り返し、発見と創造の連鎖が生成する「舞台」の上で、「自分」が考えるととらえるのではなく、逆に、「自分」の心を突き放して、創造のプロセスに一体化して中動態的に動き続けるのである。

さて、第2部ではジェネレーターの役割・機能・あり方について明らかにしてきた。最後となる第3部では、こうした役割・機能・あり方を示すジェネレーターがこれからの創造社会においてどんどん現れるようにするにはどうしたらよいのかを考えてゆきたい。ジェネレーターシップを持った人がどう育つのかということについて論を進めることにする。

66　ジーン・レイヴ、エティエンヌ・ウェンガー、『状況に埋め込まれた学習―正統的周辺参加』、産業図書、１９９３。

67　『思考と言語』（ヴィゴツキー、新読書社、２００１年）、および『「発達の最近接領域」の理論――教授・学習過程における子どもの発達』（ヴィゴツキー、三学出版、２００３年）などを参照。『クリエイティブ・ラーニング―創造社会の学びと教育』（井庭崇 編著、鈴木寛、岩瀬直樹、今井むつみ、市川力、慶應義塾大学出版会、２０１９年）でもわかりやすく説明している。

68　「幸せのたまご」は、井庭研メンバーの宗像このみとともに発案。https://note.com/shiawasenotamago

69　若新雄純、『創造的脱力―かたい社会に変化をつくる、ゆるいコミュニケーション論』、光文社、２０１５。

70　https://www.mitsukaruwakaru.com

71　ジョーゼフ・キャンベル、『千の顔をもつ英雄〔新訳版〕上・下』、新訳版、早川書房、２０１５。

Generator

第3部

ジェネレーターの成長

Episode 07

なりきる

— Mimesis —

市川　力

なりきりリフレームで意味づける

私は子どもたちから中・高生、大学生、大人も含め、様々な学びの場でジェネレーターとして実践に関わり、また、人のジェネレーター性がどう育ち、発揮されるかを研究してきた。ジェネレーターを体感する講座も始め、そのときに「なりきり」のワークを行っている。これは、エピソード5で井庭さんが紹介したハーシュマンのモデルを創造社会に当てはめて読みかえた「リフレーム」に対応したワークと言える。私が「なりきり」をジェネレーターの中心に据えたのも、井庭さんが「リフレーム」を重視し始めたのもそれぞれが互いの研究を進めてゆくなかでたまたまそうなったに過ぎない。しかし、結果的には2人の方向性がシンクロしているから面白い。これもまた私と井庭さんがともにジェネレーターとして活動し、関わりあっているからこその独特のコラボレーションと言えるかもしれない。

ジェネレーターはリフレームして面白がる

「リフレーム」してジェネレーターシップを発揮するマインドセットに近づくために、どんな「なりきり」ワークをするのかということから話を始めよう。

私は、自分の中にジェネレーター性があることに気づくことから、ジェネレーターシップが育ち始めると考えている。何かを新たに身につけるというのではなくて、すでに自分が持っている能力が覚醒するのを「体感」することが大事だということだ。

私たちは、ある物事を見たり、知ったりしたとき、自分の持つ「思いこみ」にしたがってとらえてしまいがちだ。その「思いこみ」から離れ、違った側面からとらえようとするのが「リフレーム」である。ジェネレーターが面白がり屋であることの根っこにはなんでも「リフレーム」して新たに意味づけようとするマインドがある。物事を常識的かつ自分の理解の範囲でとらえようとせず、相手の視点になったり、別の方向性から見たりするのが習慣化している。

こう書くと、「私は頭がカタイからなかなかリフレームできない」とか「別の見方はないか？」と言われて何も頭に浮かばない」とか言われてしまうことが多い。それは頭のカタさのせいではない。頭はちゃんと働いて心に浮かんでいるにもかかわらず「これは関係ない、意味がない」と決めつけて、浮かんでいる思いつきをわざわざ捨てているからだと私は思っている。

なりきりリフレームというワーク

私はよいインスピレーションがわくタイプではない。いつもしょうもない意見しか言えないなと劣等感を持って生きてきた。特に学生時代はそうだった。パッとよい意見を言う人とか、核心を突く質問をする人がいまだにうらやましくて仕方がない。

「え？　そんなことはないでしょう。市川さんはいつも目をキラキラさせて、面白いこと言ってるじゃないですか」と言われるかもしれないが、いつも恥ずかしげもなく「的を射ていない意見」を言っているにすぎないのだ。しかし、そこがジェネレーターにとってはマイナスではない。むしろ、的を射ていないけれど、素直に思いつきをさらけ出すことが何かを生み出すきっかけになる。自分がすごい意見を言わなくていい。自分がまとめなくていい。けれども、相手はどういうことを言おうとしたのか、ある事柄を聞いてどう思ったのかは見逃さない。そして、相手の考えに触発されて、自分が思いついたことを述べる。それが頭に浮かんだことを素直に出すことであり、心を柔らかくしているということなのだ。

自分の決めつけを打ち崩すには「もし〇〇だったら」と別の可能性を考えてみる。そして、その可能性を信じている自分になってみる。これが「なりきる」ということだ。理知的に考えるのではなく、「なりきってみる」と無理なく自分なりの発想が出てくる。このことを体感し、頭と心をゆるめるのが「なりきリフレーム」というワークである。

具体的にどうするかと言うと、いきなり普段意識したことのない考え方に直面させ「なりきって」対応してもらう。例えば、あなたは電柱の魅力を語ることができる人で、その人になりきって電柱の魅力を語るというワークをしてもらう。予期しない何かに対する対象愛を目覚めさせる課題である。

続いて、縄文時代を独自の視点で描いた作品で人気爆発の漫画家になりきるというようなワークにも取り組んでもらう。これは自分が考えもしなかった世界に引きずりこまれて妄想する課題である。エピソード4で述べた「ファンタジー」に目覚めるワークと言ってもよいだろう。私はテレビの対談番組の司会者に「なりきって」、電柱愛に目覚めた人や、縄文時代を描いて人気爆発の漫画家にインタビューする。参加者は「なりきって」、即興的に対応して答える。

自分なくしによる思「枠」はずし　無責任になる

この二つのワークをなんのためにやっているかというと「自分なくし」をするためだ。この言葉は、イラストレーターで「ゆるキャラ」の生みの親であるみうらじゅん[72]さんの言葉である。私たちは、どうしても自分というものにこだわってしまい、自分のフレームから出られなくなってしまう。それどころか、自分らしくとか、自分独自の、ということにこだわって、それがないとかえって自分は何者でもないと落ち込んでしまう。けれども、みうらさんは妙な自分こそ邪魔をすると考えている。リフレームということを考えたら、「自分なくし」できた方がいい。手っ取り早く自分の思「枠」をなくし、自分の外側の世界に素直に心を開く方法が「なりきりリフレーム」なのである。

電柱好きになってくださいとか、縄文時代を独自の視点で描いている漫画家になってくださいとか言われても、ただの無茶ぶりで答えられそうにないと思うかもしれない。ところが、このワークを行うと、人前で話すのは苦手とか、意見をなかなか言えないとか、演劇はしたことがないといったことがどこかに吹き飛んで、誰もが語り始めてしまう。司会者の問いかけに促されて、「電柱をいつ好きなったかというと……」と、みんなに注視されている中で、即興的で大胆な応答を始める。

こんなにも簡単に、普段の「自分」だったら言えないことが言えるのは、誰かになりきって「自分なくし」をしているおかげだ。無茶ぶりでやらされている他者なのだから、別にここでどんなことを語ろうと「自分」が傷つくことはない。仮に失笑を買ったとしても、それは「なりきろうとしている誰か」なのだから知ったことではないという無責任性が生まれるのである。

無責任に思いつきをどんどん語ろうという思いきりが出ると、なんだか知らないけれど、自分にとって無縁の存在に「なりきって」語れてしまう。語っている本人が「なんで私はこんなことを口走っているんだろう」というようなことを言い始める。そして、これまで気づかなかった可能性が思い浮かんでしまう。なりきることで勝手にリフレームが起きて「私は電柱を見ると抱きついてその温かさに癒される電柱ハグラーです」というようなことを突然語ってしまう。思いもつかないリフレームに、聞いている側も驚き、面白い発見にジェネレートされ、場が盛り上がってくる。それがさらに語り手を勢いづかせる。ジェネレートされた観客に話者がジェネレートされて、ジェネレートの渦が巻き起こるのである。

予想外の自分が浮かび上がる「なりきリフレーム」

このワークの後、参加者は「なりきリフレーム」できてしまった自分を不思議に感じてしまう。面白がることは難しいと思っていたのに、結構な無茶ぶりに応えられてしまったし、その結果、周囲がジェネレートされた事実が実感として残る。だから、帰り道に本当に電柱を抱いてみようかな、本当に暖かいかなと実際に電柱ハグラーになってみるし、「電柱の太さが抱き心地をよくしているんですねぇ」とさらに別の可能性に気づき、電柱の役割が知らず知らず勝手にリフレームされてゆく。

こうした経験が、自分にも「なりきリフレーム」ができるという原体験となり、チャレンジングな対象・状況が無茶ぶりで降ってきても、意識的になりきってみれば何かアイデアは出るのではないかと思えるようになる。これは魔法でもなんでもない。なりきって「真似ぶ」ことで「学ぶ」というヒトや動物の学びの基本メカニズムに素直に従っているにすぎない。

「なりきリフレーム」は、電柱ハグラーのように、予想外の発想をジェネレートする一方で、なくそうとしても消せない自分の考え方の特性をあぶり出す。縄文時代にはすでにアイドルグループがいて、土偶はファンアイテムだったということを語った後で、ああ、やはり自分はアイドルに関心があるんだと改めて気づくというようなことが起こる。

思わず浮かび上がるのは、関心が強かったり、強みだったりすることだけでなく、弱みと思っていたことやこれまで意識しなかったことだ。それによって、自分はこういう特徴を持つ人だと思いこんでいたことが崩れて、多様な自分が存在することに改めて気づく。これも「なりきリフレーム」の効用と言えるだろう。

「なりきりワーク」をしていて面白いのは、いかにも演劇が得意で、人前で何かをするのに慣れている人の方が「演技」している感じがして、なんとなく嘘っぽく見えてしまうところだ。むしろ、人前で即興で語るのが苦手な人がしぼり出したなりきりの言葉が真に迫る。電柱を好きな人になってくださいという無茶ぶりに当惑し、汗をいっぱいかきながら、思わずボソッとつぶやいてしまった言葉の意外さに、言っている本人がどうしてそんなことを語り出したのかわからず驚く。周囲で聞いている人は、なるほどそんな考えがあるとははと衝撃を受けて自分の「枠」が壊される。やっている人と聞いている人との双方に「リフレーム」を引き起こすのが「なりきリフレーム」なのだ。

フィクションの「木を植えた男」が「なりきリフレーム」を引き起こし現実を動かした

ジャン・ジオノの絵本『木を植えた男』[73]に感銘を受けた人は多いだろう。たとえ枯れたとしても決してあきらめることなく来る日も来る日も種を蒔き続け、何十年も後に森を生みだしてしまった男の話である。当初、ノンフィクションとして発表され、一介の庶民の不屈の行動が、自然回復の原動力となったというストーリーは、多くの人々の心を打った。しかし、「木を植えた男」ブフィエは実在の人物ではなかった。すべてジオノの創作だった。描かれた場所も時代も人もすべてが真に迫っていたので、誰もフィクションと見抜くことができなかったのである。

ところがこの物語は、嘘つき作家の贋作騒動というスキャンダルでは終わらなかった。この本を読んで感動し、勇気を得た世界中の多くの読者が、ブフィエのように自分の身近で木を植える運動を始めたのだ。この結果、当時、森林の大量伐採が問題となっていたカナダだけで数億本の植樹がなされたと言う。フィクションが、希望をもたらすビジョンとなり、人々がブフィエに「なりきり」実際に行動してしまったのである。「木を植えた男」の主人公に「なりきりフレーム」するのは、電柱好きになることや縄文時代を描く漫画家になるのとまったく同じことだ。自分を超えた何かに「なりきりフレーム」してアクションを起こすことは、現実を変えてしまうパワーを秘めているのである。「なりきりワーク」侮るなかれだ。

対象になりきって俳句づくり なりきり俳キング

「なりきりフレーム」の質を上げるために私は俳句をつくり続けている。正岡子規は、「一冊の手帳と一本の鉛筆とを写生の道具にして吾は写生的俳句をものにしようと眼に映るあらゆるものを捕えて十七字に作り上げようとする」[74]と言った。「写生」とは、風景・景色・出来事・状況をただ描写すること。自分の心情を説明しない。「私情」を捨てて、句にする対象に没入し、「なり

市川　力 @tankyuricky・8月4日
あなたのように素敵な蓑をまとうことはできませんが、トマトに「なりきって」トマト色の身に変わることはできそうです。
カナブンタロウになりきりて一句
蓑つけずなりきりて身の色変化（いろへんげ）
#なりきりさんまい　#俳キング

図7−1：なりきり俳キングの例

きる」ことが「写生」するためのコツである。夏目漱石のような文学者はもとより、寺田寅彦のような科学者でも俳句を愛する人は多い。彼らは対象に「なりきって」写生的俳句を作ることで瞬間的観察力と端的な表現力を鍛えたと言えよう。

私は、あてもなくぶらぶら歩き、面白いと感じた情景を写真に撮り、写っている対象に「なりきって」五・七・五にまとめる遊びを「なりきり俳キング」（図7−1）と名づけ、写真つきの俳句をツイッターに投稿し、観察力と表現力を磨いている。ツイッターに俳句をあげるのが面白いのは、対象になりきって句の背景を語る100字程度の「詞書」をつけられるところだ。こうして俳句だから季語を入れなくては……とか、よい俳句をつくらなければ……とかを意識せず、ただ歩き、見つけ、撮り、なりきってみて生まれた十七字を面白がっている。この感覚を夏目漱石は『草枕』[75]の

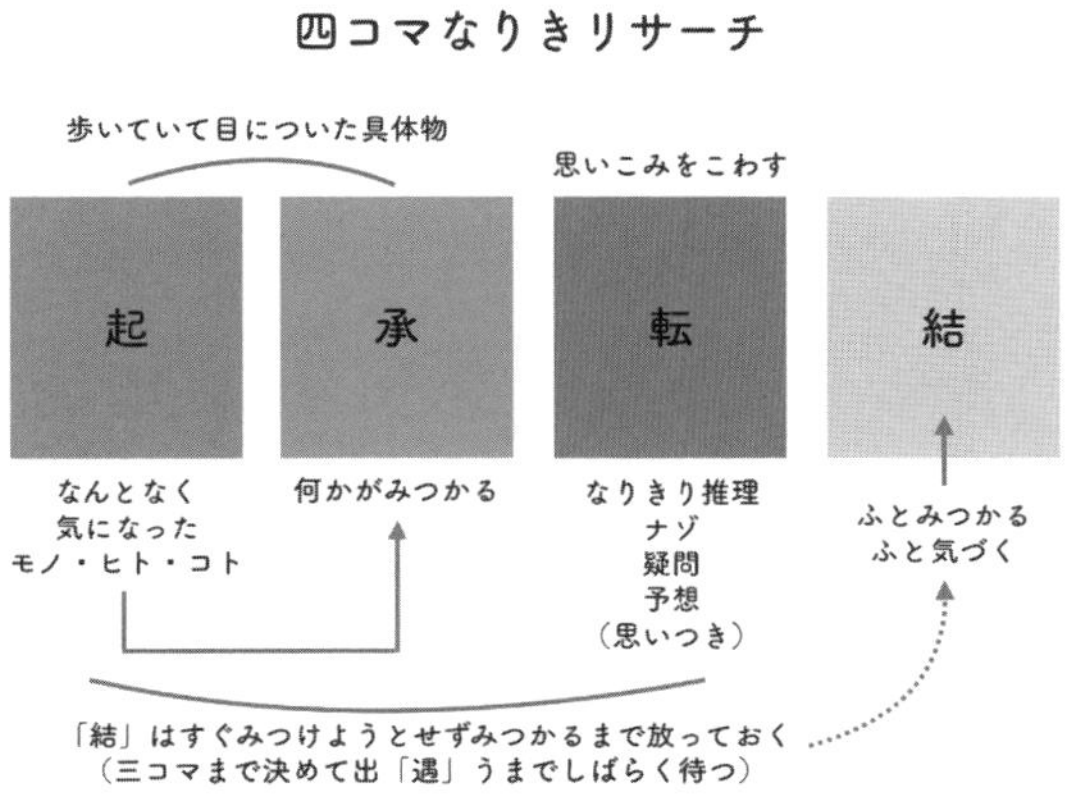

図7-2:四コマなりきリサーチのフォーマットの図

中でこう言っている。「一番手近なのは何でも蚊でも手当り次第十七字にまとめて見るのが一番いい。…（中略）…顔を洗う時にも、厠に上った時にも、電車に乗った時にも、容易に出来る。…（中略）…まあ一寸腹が立つと仮定する。腹が立った所をすぐ十七字にする。十七字にするときは自分の腹立ちが既に他人に変じている。」

なりきり俳キングの極意ではないか。

四コマなりきリサーチで推理

「なりきる」感度を上げるために発見を「四コマなりきリサーチ」というフォーマット（図7-2）で記録することもしている。四コマというのは「起承転結」。自分が発見して不思議だなと思ったものについて「なりきり推理」をしてみて「起承転結」でまとめるフォーマットである。

あてもなく歩いているときになんとなく気にな

るモノ・コト・ヒトがみつかる。それを写真に撮ったり、スケッチしたりする。最初に「気」になったモノ・コト・ヒトが「起」になる。続けて歩いていると「起」の発見に触発された何かがみつかる。これが「承」になる。そこで「起」と「承」をつなぐナゾ・疑問・予想を考えてみる。そのとき気になった対象になりきって推理してみる。それが「転」である。これまでの発想や思いこみにとらわれないのが「転」におけるなりきり推理だ。「なりきりリフレーム」するマインドを動かす遊びなのだから、大胆に妄想・面白推理をしてみる。そうしたらしばらく放っておく。すぐにその推理を裏づけるような何かを探す必要はない。「起・承・転」の3コマが頭の片隅にあると、面白いことに、しばらく経って「結」となるような何かがふと目に入ってくる。「ああこういうことなのか」と思える「結」が向こうから飛び込んでくるのである。こうして「四コマなりきりリサーチ」の1セットが完成する。

ある小学生が行った「四コマなりきりリサーチ」の一例を紹介しよう。その子が歯医者さんに行ったときに、なぜか歯医者さんに似つかわしくない浮世絵があったのでなんとなく気になった。これが「起」のコマになる。そこでじっくり観察してみたら浮世絵に描かれている女の人が口に棒のような何かをくわえているのに気づいた。これが「承」のコマ。両方にフサフサしているものがついていて食べ物のように見える。もしかしたらあたりめかもという推理が即座に動き始める。描かれている対象になりきって語るという形で推理をしてみると「私は昔の歯ブラシなんです。ほらそう考えるときれいにしているように見えるでしょ」と、食べ物ではなく、これは歯ブラシだと突如気づいてしまう。描かれている対象になりきることで「食べ物に見えるかもしれないけれど、私は歯医者さんにある絵だよ。だから歯に関係するものなんだ。毛がついている棒で口に入れているものと言えば……そう、歯ブラシ！」というように、自ずと生まれる発想に身を委ねて「転」のコマが生まれる。すると、思考の「枠」がゆるんで、自由な思いつきが湧き出てくる。あるわけないじゃんとか、おかしいよねとか簡単にジャッジしてしまう心の動きを制するのが「なりきり推理」と言えるだろう。この「なりきり推理」を心の片隅におきながらしばらく経つと、ふと、これはきっと高級品で、江戸時代の庶民が誰でも買えたわけではないと思い始める。すると今とは違ってふさふさしている歯ブラシの材料はウサギの毛だったのではないかという「結」のコマがひねり出さずともほとばしり出る。もちろん、単なる思いつきに過ぎないが、この「結」が元になって新たな「リサーチ」が「起」きる。次の「起承転結」が始まるのだ。

このスパイラルが続くうちに、初めはただの妄想にしか思えなかった推理から面白仮説が生まれる。なにより日常の風景への発見や観察の感度が高まり、これまで見逃していたモノ・コト・ヒトをとらえられるようになる。ちょっとしたことを面白がる感度が上がるのである。

目の前にあるちょっとした不思議に眼を向けて「なりきりリフレーム」することを習慣化

これまで教育の話になると、幼稚園段階ではこうで、小学生段階はこうでというように、子どもから大人へと全く違う段階に移行しなくてはならないというふうに考えがちだった。創造社会への移行を阻んでいるのは、こうした学びの「あり方」に凝り固まっているからだと言える。

けれども、禅マスターが瞑想して対象と一体化して観察するのも、画家や彫刻家が描く対象や素材そのものになりきって作品を生み出すのも、私の俳句づくりや四コマなりきリサーチでの子どもの仮説のつくり方と同じだ。みな「なりきリフレーム」をしている。

「なりきる」感度を上げると、自ずと違う角度から自分の発見や発想を「とらえ直し」てしまう。タモリさんは、ブラタモリで礫や古墳、川の流れにすらなりきる。すると、もともと潜んでいた意味を発見したり、新たに意味をつくりだしたりして、専門家がその鋭い発見に驚く。それは、子どもが木のデコボコや落ちている葉っぱの形を見て、動物の顔に見立てるような働きと同じで、気になって発見した対象や状況に「なりきって」意味をとらえ直しているのである。ジェネレーターが面白がって新たな「意味」を見出すのはすべてこういうレベルの「なりきリフレーム」のおかげなのだ。

ジェネレーターは、ある対象そのものに寄り添いながら、新たに「意味」を生成し、付与し、重ね合わせ、調和させて、まるで以前からそうであったかのような自然さで見せてしまう人である。「なりきリフレーム」によって軽やかに「意味」を「とらえ直す」ところに、社会的な関係性を整えるのではなく、創造的な役割を果たすジェネレーターの大きな特徴が表れている。

「面白いふり」をするのではなく「面白くしてしまう」のが「面白がる」こと

ジェネレーターは、自分なりの面白ポイントで主観的に仮説や発見を「意味づけ」る。正しいか正しくないか、よいか悪いか、できているかできていないかという客観的評価はしない。見たこと、聞いたことをなんでも面白がるのは、面白くないのに、面白いふりをすることとは違う。あまり面白そうに見えなかったモノ・コトの自分なりの面白ポイントがみつかってしまうのが面白くてたまらないのである。それが「面白がる」ということだ。日々、こうして物事を眺めることが、どんなものでも自分なりに面白い部分を探すトレーニングになり、「面白がる」ことが習慣化してしまう。面白い部分を探し、どうしたら面白くなるか思いを巡らして、「やった！見つかった！」と喜ぶのをやめられないのである。

新たな意味でとらえなおし「リフレーム」するための知識獲得

ジェネレーターシップのある人と話をしていると、いろんな変化球が飛び出してくる面白さがある。それは「意味のとらえなおし」のベースとなる知識獲得、つまり、創造的になるための知識獲得を日々積み重ねた賜物だ。賢くなるためでも、理解を深めたりするためでもなく、創造的になり、わくわくして面白いことが思いつけるように、勉強し、読書する。勉強というとなんだか真面目で、堅い活動のようなイメージを与えるかもしれないがそうではない。歩いているときも、電車に乗っているときも、家でなんとなくテレビを見ているときも、たまたま本屋に入ったときも、ちょっと気になった情報はなんでも関心を持つということだ。こうしてあてもなくさまざまな「雑」知識を集めてゆくことが「リフレーム」のための知識のベースとなる。

もちろん知識を獲得したいという根源にあるのは、好きということだったり、なんとなく気になるという気持ちだ。街を歩いていて、そこから歴史的な流れについて自分なりの新たな意味づけをするのが好きだったり、道端の植生がどう変化するのかがなんとなく気になって観察し続けたりしているうちに、もしかしたら……という仮説が生まれて、別に歴史学者や植物学者になりたいわけでもないのに、新たな知識を得ようと調べたり、勉強したりし始めてしまうのだ。

ジェネレーターにとって読書は知的武装の手段ではなく発想の糧だ。さらに、文体を真似て、その作者になりきってスタイルを継承するために読む。新たな意味をつくり、自分なりの表現をつくるための創造的読書である。創造的読書は、いわゆる読書家の読み方とは異なる。最初から最後までしっかり読んで、書かれていることをすべて理解しようとはしない。発想の材料がないか、なんとなく気になるところはないかと考えて、ラフに読み飛ばす。再び夏目漱石の『草枕』[76]の中の一節を引用するが、見事に創造的読書の作法を言い当てている。

「ただ机の上へ、こう開けて、開いた所をいい加減に読んでるんです」

「それで面白いんですか」

「それが面白いんです」

「何故？」

「何故って、小説なんか、そうして読む方が面白いです」

「よっぽど変っていらっしゃるのね」

「ええ、些《ちっ》と変っています」

「初《はじめ》から読んじゃ、どうして悪るいでしょう」

「初から読まなけりゃならないとすると、しまいまで読まなけりゃならない訳になりましょう」

「妙な理窟だ事。しまいまで読んだっていいじゃありませんか」

「無論わるくは、ありませんよ。筋を読む気なら、わたしだって、そうします」


漱石は「筋を読む＝内容理解」のための読書と、「ひらめき＝発想触発」のための読書のあり方を分けている。偶然開いたところから何かがひらめけばOKなのである。こういう読み方をすることで「ただ積ん読する」ことがもったいないことに気づき、いくつかの本を何冊も並行して目を通すようになる。また、これまで本を読むのが苦手だと思っていた人への救いとなるし、発想のヒントがたくさんインプットされて、多様な意味づけの源をつくる。もちろんこうした読書の末に、精読・熟読する本が現れるだろう。その場合も、いろいろな「雑」知識のネットワークが助けとなって、最初に読んだ時はちんぷんかんぷんだったところがわかるようになる。

ただ、こうした濫読が可能となる前提は、日々の実体験の積み重ねで、知りたいと思うことがジェネレートしているからだ。あちこち歩き、あれこれ体験し、不思議だなと思い、どうしてそうなのか、このことについて他の人はどう考えているのか、という関心がわいた後に本にアクセスすること。書の前にまずは「歩け」である。

ジェネレーターは多様な意味づけを面白がるために知識を身につける。今までのようにテストのために勉強するのではない。創造社会において自分たちなりの意味を生成し、発見の連鎖を導くために知識を獲得し、より面白い意味づけができるように勉強する。さらに言えば、自分一人だけで、自分の頭の中だけを賢くしようとしなくてもいい。常に周囲の人に開かれ、飛び込んでくるどんな「雑」知識にも関心を向ける。個を超えて知をつくるあり方がジェネレーターシップを支えている。次章では、そうした「雑」知識を愚直に集め続けて思索を深め、思想を表現するためにジェネレーターが「歩く」ことの意義について考えてみたい。

72 みうらじゅん、『「ない仕事」の作り方』、文藝春秋、2018年。
73 ジャン・ジオノ、『木を植えた男』、あすなろ書房、1989年。
74 正岡子規、『車上所見』、『ホトトギス』第二巻第十号、1898年。
75 夏目漱石、『草枕』、新潮社、2005年、P38。
76 右同 P112-113。

Generator

Episode
08

歩き、つくる

Walk and Work

市川 力

あてなき探索を続け、あるべきカタチを追究するジェネレーター

Feel度Walk　歩くと場から感じる感度が高まる

歩くことでジェネレートするということについて話そう。まず、「歩き愛でスイッチ」を入れるFeel度Walkについて紹介する。Feel度Walkとは、なんとなく気になるモノ・コト・ヒトと出「遇《あ》」いながらあてもなく歩くことだ。そうすると場を観察したり、場から感じとったりする「感度＝Feel度」が高まるので「フィールドウォーク」と呼んだ。Feel度Walkをしてあてもなく歩き、発見した物事を愛でてゆくと、好奇心のスイッチも、ジェネレーターのスイッチもONになる。こうしてONになるスイッチを「歩き愛でスイッチ」と名づけた。

「魔女の宅急便」で知られる童話作家の角野栄子さんは日々の散歩で「いたずら歩き」[77]をしていると言う。散歩は、健康のためでも運動のためでもない。ルートを決めずに気ままに歩き、迷子

になるのをかえって面白がる。「黒革の手帖」と呼ぶメモ帳を持って歩き、落書きしたり、道端の花を手帖にはさんで押し花にしたりする。セミの抜け殻を拾ったら家まで持って帰って並べてみる。これこそ歩き愛でスイッチONのFeel度Walkではないか。

「なりきリフレーム」というのは、「自分」の「枠」から飛び出して、別の「枠」を想定することだ。これに対して「Feel度Walk」して「歩き愛でスイッチ」を入れるのは、自分の「外側」にあるモノ・コト・ヒトが自分の中に飛び込んできたときに受けとめる感性を開くことと言えよう。

Feel度Walkするには、どこか遠くに行ったり、調査の必要のあるところに出向いたりする必要はない。自分の家の近所でも、職場のまわりでも、たまたま仕事で訪れたところでもどこでもできる。すきま時間にあてもなくぶらぶら歩くだけでいい。もちろんわざわざ時間をとって歩いても構わないが、虎視眈々と何かを見つけてやろう、調べてやろうと力む必要はない。

では、どんな感じかをちょっと味わってもらうために、私が普段している「いたずら歩き」そのものであるFeel度Walkを紙上で再現してみよう。

家を出てすぐの側溝のフタにピンク色の花びらが落ちていた。すぐに上を見ると、百日紅《さるすべり》が咲きほこっていた。ああ、百日紅の花びらってこうやって落ちるんだなと思った。50mほど歩くとまた花びらが落ちていたが、さっきとは色が違う。紫色っぽい。さっきと同じように見上げてみると、何もない。どこから降ってきたんだろうと思う。またしばらく歩いていると蜘蛛の巣があって、大きな女郎蜘蛛がいる。よく見ると、うまい具合に糸に引っかかった花びらがある。これはさっき見つけた紫色の花びらだ。餌にはならないし、こんなものが引っかかって蜘蛛も迷惑ではないかなと思って、また上を見るが、やはりどこにも花らしきものは見当たらない。さらに進むと今度は紫色の花びらがいっぱい落ちていた。これまでとは量が違う。今度こそあるかなと見上げてみると、あった！　蔓にぶら下がっている花がある。もっと近くでどうなっているのか見たいなとは思ったが、あんな崖の上では無理。あきらめて、さて家に戻るかと、再び高台に上がるための急な階段を登り始めた。この階段は、駅から家に帰るときに通る階段で、昨日も通ったばかり。その何十段もある階段の真ん中あたりにある崖のところまで来ると、すぐ手の届くところにあの紫色の花がさいていた。あたりを覆いつくすように生えている。もしかしてこれは葛の花かと初めて思った。触ってみると葛の蔓はとても硬くて丈夫そうだ。花びらをじっくり観察するといっぺんに開かないで一部分だけ開いていることに初めて気づいた。

歩き愛でスイッチがONになるのがジェネレートの始まり

なんてことはない小一時間ほどの散歩だが、こうして身のまわりで偶発的に出「遇」うちょっとしたモノ・コトにまなざしを注ぎ、面白がると発見の感度＝Feel度が上がってくることがおわかりいただけたのではないだろうか。

最初のちょっとした気づきは、今回は、地面に落ちていた百日紅の花びらだった。そこからそれとは異なる花びらが気になり、知らず知らず追い求めていると、いつも歩いていてまったく気づかなかった葛の花に気づき、新たな発見が生まれた。これはまさにレイチェル・カーソンの『センス・オブ・ワンダー』[78]の世界である。見逃している世界が私たちのまわりに広がっていることに感動し、外の世界に向けての感度が、たかが近所の散歩で葛の花を発見するだけで高まる。

私と同じところを歩いても別の人が歩いたらまた別の世界が開かれるだろう。重要なことは、歩いて、なんでもよいから自分がなんとなく面白いな、変だな、不思議だなと思ったことを愛でればよいということ。歩いて何かを愛でる「歩き愛でスイッチ」をONにすれば、Feel度が高まり、好奇心が開き、視野が広がって、勝手に向こうから飛び込んでくる。

外界にありながら気づかずに受けとめていなかったものが自分の中にどんどん飛び込んでくる感覚を取り戻すのがジェネレートの始まりである。そうすると、自分が遭「遇」する「偶」発的な出来事を見逃さずにキャッチできるようになるので、あとはひたすら「愚」直に面白がるだけだ。こうして「歩き愛でスイッチ」がONになれば、エピソード4で述べた「5G」システムが作動する。

Feel度Walkによって感度が上がってくると、どんどん歩きまわる範囲が狭くなる。「歩」という漢字は「止」と「少」という漢字を組み合わせて構成されている。発見の感度が高まると、いろいろ気になってすぐ立ち「止」まり、「少」ししか進めない「歩」みになる。この緩慢な歩みこそ、歩くことの理想を実現するには極めて重要だと指摘したのは、作家でアクティビストのレベッカ・ソルニットである。ソルニットは著書『ウォークス——歩くことの精神史』[79]で現代人が「いろいろな発見をもたらしてくれるぼんやりしたそぞろ歩き」をとり戻すことで、精神と肉体と世界が対話を始め、わたしたちが自分の身体や世界の内にありながら、それらに煩わされず、解放されて考えられるようになると言った。

Feel度Walkして歩き愛でスイッチがONになることで、観察の感度が高まり、今まで見逃していたことが見えたり、聞き逃していたことが聴こえたりする。手で触ってみることもするだろうし、匂いを嗅いだり、ちょっとかじってみたりするかもしれない。五感を総動員して発見・観察し、自分を開き、外の世界と一体となって直観するようになるのである。

発見の拡張　Discovery Driven Expanding

以上、述べたことは、エピソード1で紹介された「発見の拡張＝Discovery Driven Expanding」というパターン・ランゲージそのものである。なりきリフレームもFeel度Walkで歩き愛でスイッチをONにすることもジェネレーターがしている「発見の拡張」を体感する行為なのだ。

発見を「アイ」し続け、広げてゆくことで場をジェネレートしてゆく人がジェネレーターである。その「アイ」の始まりは「I＝私」。My Discoveryである。自分がなんとなく発見したことにまず目を向ける。先に紹介した私のFeel度Walkの例はMy Discoveryにどっぷり没入した世界そのものである。

なんとなく気になることを写真に撮る　Feel度WalkでMy Discovery

Feel度Walkによって発見の拡張がどう起こるかについて、私が高校生と行っている授業の例を紹介して説明してみよう。私は、高校生に対する出張授業で、さっき私がやったようなFeel度Walkをしてもらう。高校生は、教室ではなく下駄箱前に集合。一時間ぐらい高校の周辺を自由に歩いて「なんとなく気になったもの」があったら片っ端からスマホで写真を撮ってきてほしいとだけ伝える。戻ってきたらその写真の中から特に気になったものを1枚選ぶ。当日Feel度Walkせず、各自事前に身近な場所を歩き、同じように写真を撮ってもらって、その中から写真1枚を選んで授業に参加するというやり方をするときもある。こうして高校生たちが歩いて、なんとなく気になったものを撮った写真が集まる。

学校のまわりを歩いて、なんとなく気になるものの写真を撮ってくるというワークを、始めから高校生がノリノリでやったわけではない。そんなことをしてなんの意味があるのだろうという懐疑心を抱きつつ、授業中に学校の外に出られるならいいかという軽い気持ちで取り組んでいたことは見ていてよくわかった。しかし、全員の写真をプロジェクターで映し始めると、俄然、目が輝いてきた。なんとなく気になるものという漠然とした課題なのに、1枚と同じ写真がない。My Discoveryが生まれたことへの驚き。正解とか期待とか同調圧力とかに影響されない「素」の発見が、いつも歩いて知っているような場所で、なんとなく気になる写真をとりあえず撮るだけでできると気づくのだ。

これは「自分」という「I＝アイ」に立ち戻り、自ずと湧き上がってきたDiscoveryであり、また、撮影した「対象」が「気になる」という対象「愛＝アイ」の兆しがジェネレートしたことでもある。

My Discoveryのシェアが生み出すYour Discovery

お互いのMy Discoveryをシェアすると、自分のMy Discoveryだけでなく他者のMy Discoveryにも関心が湧き始める。高校生はこう書いている。

みんなが撮ってきた写真でたしかにって思うところが何個もあった。今まであまり気づかなかったところがたくさんあった。

自分の発見という「I」から、Your Discoveryという「相」手の「発見」によって「相」互に発見を愛であう「相＝アイ」が動き始める。「I」と「You」の境目が消え、「相＝アイ」手に

図8-1：大人みんなで Feel度 Walk している写真

「なりきり」始めると言ってもよいかもしれない。他者の写真の中から、気になるものがいろいろ出てきて、「えっ？　あそこの石のところいつも座っているのに、そんな鎖があるなんて知らなかった！」と新たに気づいたり、「私も見た。クローバーの水滴ってきれいだよね」「そうそう。郵便局以外もこの島赤い瓦が多いんだよ」と自分の写真を見ているように語り始め、完全にYour Discoveryに入りこむ。

さらに、発見された対象にひかれるだけでなく、どうして発見してしまうのかと俯瞰的に考え始め、木の枝が気になったのはなんとなく木の枝を削りたい衝動に駆られたからだとか、別にきれいでも、珍しいわけでもない小さい模様が気になり、かわいいと思ってしまうのはなぜだろうとかつぶやく。発見からさらにどんなことを思いついたか、どんな風に見え方が変わったかということについて思索を始めるのだ。

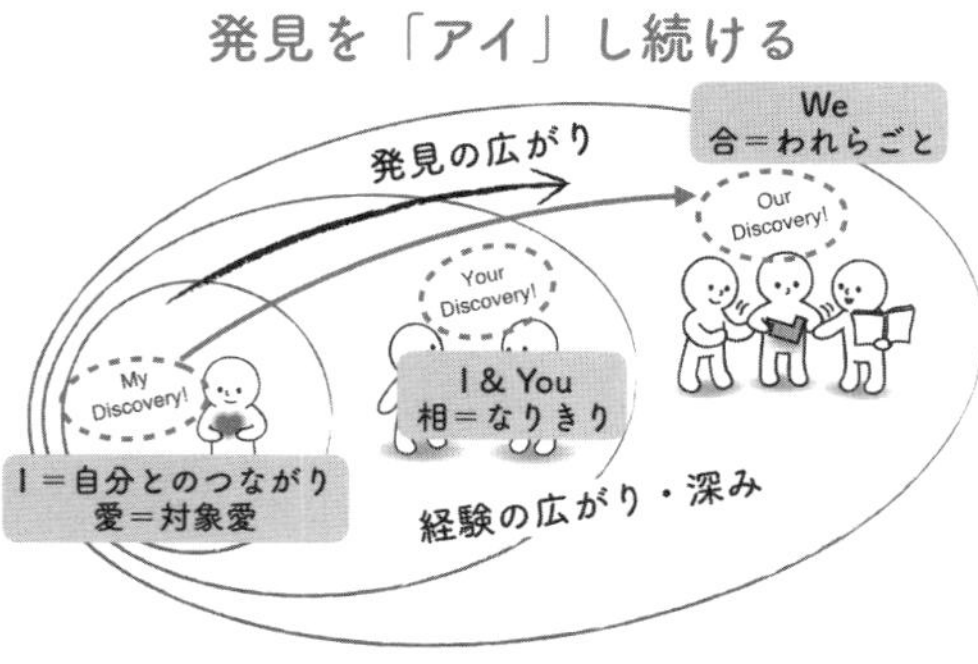

図8-2:発見を「アイ」し続ける図

発見がひとつに合わさるOur Discovery

My DiscoveryとYour Discoveryを愛で続けていると、やがて（図8－1）のような状態になる。これはジェネレーター体感講座でFeel度Walkしたときの参加者の姿である。ある人がみつけたものにみんなが興味を持ち始め、発見がひとつに「合」わさってしまう「合い＝アイ」が誕生する。Our Discoveryになり、「われらごと」ととらえ、誰が発見したかはどうでもよくなってしまう。発見が拡がることに巻き込まれ、自他が融合するのである。

この状態こそ、みんながジェネレーターになって、お互いに刺激され、別の意味づけをするのが面白くて仕方がないというジェネレートの渦が立ち上がっている状態である。自分も相手もなく、MyとYourの境目が消えてOurになり、まるで自分が発見したかのように「なりきって」語る。すると、そこから思わぬ発見が自ずとジェネレートする。お互いが「発見」したことに乗っかり、重ねてワイワイやっているうちに新たな「意味」がひらめく。これがOur Discoveryの醍醐味だ。

こうしてMy Discoveryで目覚めた対象「愛」が、お互いの発見を「相」互に愛でる「アイ」へと発展し、いつしか自分も相手も対象も一体化した「われらごと」へと「合」体するOur Discoveryとしての「アイ」となる。発見の拡張は「アイ」の拡張でもある（図8－2）のだ。

個人を「モチベーション」することより「発見」を「面白いね！」と認めあうこと

Feel度Walkの始まりや最中に、あまり乗り気でない子は当然ながら出る。先に述べた高校生の例で言えば、なんとなく気になったものを撮影するという課題はみんなしてくれるが、だからと言って、すべての子が乗り気でやってくるわけではない。みんなが撮ってきた写真をシェアする段階になっても、多くの子はこれからやることに期待を抱いているようには見えない。教室ではなく体育館で写真のシェアを行ったとき、写真を映し出すスクリーンから遠く離れて、興味なさそうに広い体育館の後ろの方に何人もの学生が座った。ところが、写真を一枚一枚見せ始めたらだんだんみんな集まってきた。他の人の写真を見て触発されたり、逆に他の人から自分の発見が興味を持たれたりしていく中で、次第に「なんとなくの発見」が結構面白いかもという空気になる。

だから、Feel度Walkの最中に興味を見せたかどうかにあまりこだわる必要はない。Feel度Walkの時に熱心に見つけてなさそうだとか、「早く帰りたいな」とかブツブツ言ったとしても興味の差があるのは当たり前だと思ってあわてないことである。大事なのは戻ってきてみんなの発見をシェアしていくときの方だ。誰かの発見であるYour Discoveryに触発されてMy Discoveryに少しずつ関心が出てきたりする。

関心の低い子は自信がない子も多く、「どうせ私の発見なんて大したことない、面白くない、誰かにバカにされたら嫌だ」と思っている。このときに普段から教師自身がFeel度Walkを積み重ねていると、君も世の中のあちこちに転がっているささやかな発見を共有する仲間になったね！という思いがこもった「面白いね！」という言葉が口をついて出てしまう。この思いが相手をゆさぶり、どの発見にも「意味」を見出すことができ、優劣はないという気持ちが開く。たかが「なんとなくの発見」と侮ることのできない、自己効力感を取り戻す場になる。

Feel度Walkは、効率性と画一化からの「逸脱」を許す。みんなが足並みをそろえて反応しなくてもよい。個々の発見するまでの時間差も個々の発見の多様さも当たり前。何かがみつかるのを待てる余白。それを受けとめる寛容さ＝generosityがジェネレーターの持ち味だ。励まそうとか、支援しようとかいうようなアプローチで「動機づける」のではなく、お互いのDiscoveryを素直に認めあうことで、どの瞬間でも何かしらみつけてしまうFeel度が高まり、歩き愛でスイッチがONになるのである。

Feel度Walk・Focus Walk・Ferment Walkという探索・試行・表現

図8-3:曲がった標識の写真

Feel度Walkでなんとなく気づいたことがあると、その気づきにFocusして歩きたくなる。あてもなく街を歩いていたら、交通標識が曲がっていることに気づいた（図8-3右）。すると他の標識はどうだろうと道路標識にFocusしながら歩き始める。出「遇」う標識ごとに確かめてゆくと、結構、曲がっているものがある。どうして曲がってしまったのか、その理由を妄想し始める。道端にあるただの交通標識が、これまでとは違って見えてくる。車がぶつかって曲がったと考えるのが順当だが、明らかに車が衝突できない部分が曲がっているものがある（図8-3左）。こうして標識が曲がっているかどうかを探りながら歩くFocus Walkは、何も解決せず、謎を残したまま終わる。

しかし、翌日、その翌日と、普段歩く道でも、仕事で初めて訪れた場所でも道路標識がどうしても気になって歩いてしまう。こうしてFerment Walkのフェイズに入る。すると、標識についているキズの付き方や、曲がり方の特徴がだんだん見えてくる。発見が醸されて、知らず知らず「妄想仮説」が育ってくる。もしかしたら、経年による劣化での曲がり方に、標識がある場所の風の吹き方や日の当たり方が影響しているのかもしれないという仮説が浮かび上がってくるのである。

Feel度Walkすると気になるものが生まれ、それに焦点を当てたFocus Walkが始まる。すると自ずと気になったものを追いかけ続け、仮説が発酵して現れるFerment Walkへ移行する。Ferment Walkでは虎視眈々と追い求めない。標識のことなど忘れてしまったかのように、別のなんとなく気になるものへと移ってよい。根をつめてひとつのことを追いかけるのではなく、いろいろな「雑」を気の向くまま集めてゆく。中途半端に途切れてしまって構わないのである。こうして「雑」の点が知らず知らず蓄積されてゆくことが重要だ。人間の意識とは不思議なもので、すっかり忘れてしまい、注意が向いていないようであっても、歩いて、面白がって集めたモノ・コト・ヒトへの関心は残っている。だから、しばらく経って、突然、新たな何かにつながる発見をしたり、思わぬ「雑」の点どうしがつながったりする。

Walkとは、なんとなく気になるものを追い求めてあてもなく歩くFeel度Walkという探索（Exploration）、探索するうちにみつかった何かをとりあえず追いかけるFocus Walkという試行（Experiment）、そして、探索・試行のプロセスで思いついた「仮説」の卵を心に秘めつつ発見の旅を続け、ひたすら「雑」を記録し、蓄積してゆくFerment Walkという表現（Expression）のプロセスと言える。この段階での仮説も、表現も、自分なりの思いつきでよい。質や評価を求められるものではない。分析したり、統合したりするのではなく、思いつきの断片を自分なりの表現で記

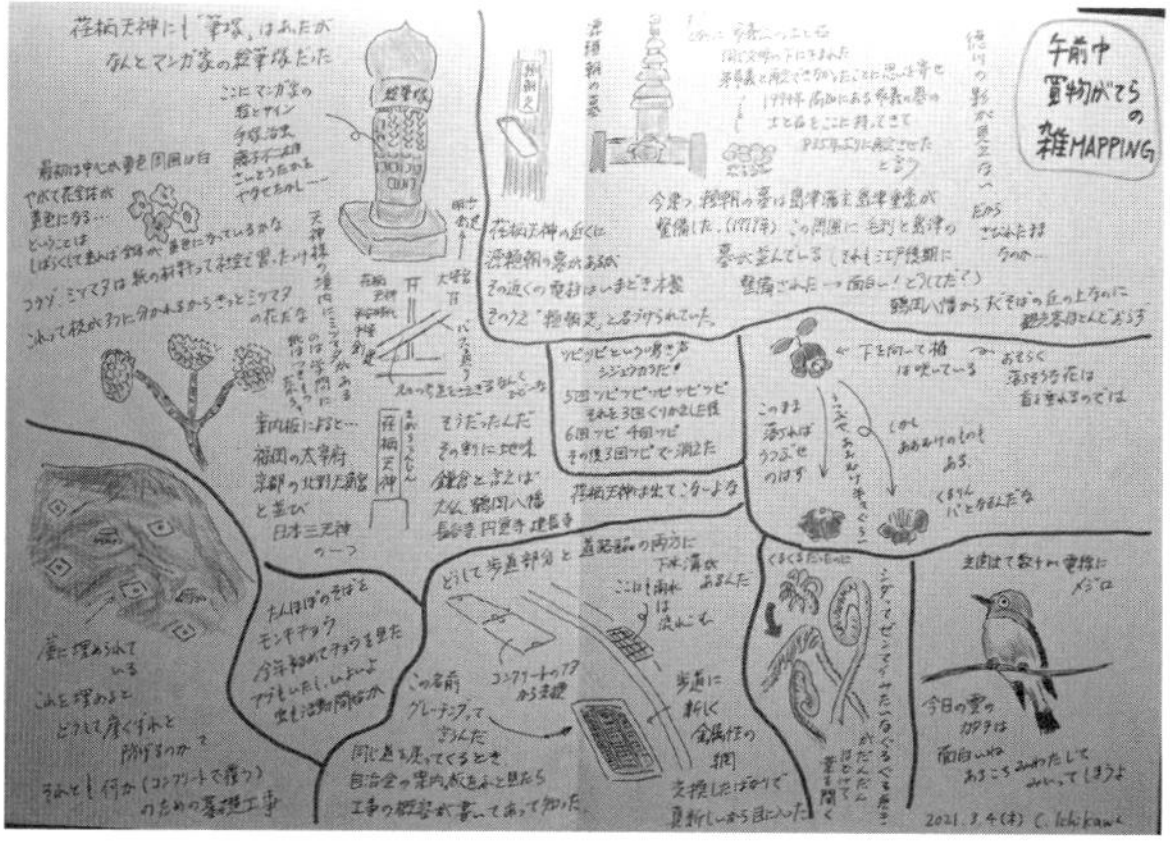

図8-4：集まった「雑」を記録した発見メタメタマップ

録してひたすら残しておくことが重要なのである。

「雑」をアーカイブする表現として私は主に二つのやり方をとっている。ひとつは先に述べた「なりきり俳キング」での俳句、もうひとつは、エピソード6で紹介したメタメタマップである。Feel度WalkやFocus Walkの後、家に戻ってその日に撮影したたくさんの写真を眺めながらA3の紙に「なんとなく気になるモノ」「印象に残った出来事」「出会った人とその人との会話」などを思うままにプロットしてゆく。1時間もすると発見メタメタマップ（図8-4）が出来上がる。このマップをひたすら書きためることが、表現しながら「仮説」をFermentすることにつながる。

歩くように試行し、思考する

ジェネレーターは足を使ってあちこち歩きまわ

る。「歩くと考えが生まれる」ことを知っているからである。

「歩く」ことが単なる運動や調査ではなく、「歩く」ことで自由に思索できるようになり、解放され、思想が生まれることを私たちに強く訴えたのは『森の生活』[80]で知られるヘンリー・ソローだ。

ソローは、1日4時間以上、森を通り、丘を越え、草原を抜け、世間の約束事から完全に解放されて歩きまわった。歩いていると自然に触発されてさまざまな想像が頭をよぎる。それはまさに「神話」的な「野生の空想」。時間を越え、発展の順序にもとらわれない自由な空想こそ、知性の最も畏怖すべき遊びだとソローは言った。

「歩いているときは、自分の感覚に忠実でありたい。森の中にいて、それ以外のことを考えているのなら、森の中にいることにどんな意味があるでしょうか[81]」

自然の磁力に触発された野生の空想に浸る。思考は自分の中に「所有」するものではなく、歩く者にいつも開かれ、自分の外側に広がっている。風や川に自分を仕えさせ、語りかけてくる思考に耳を傾ける。私たちを束縛するものから解き放たれ、絶対的自由を感じ（Feel）、とりあえず思い浮かんだことに焦点（Focus）を合わせて観察し続け、思いつきを地道に記録して発酵（Ferment）するプロセスを経て、思わぬ「意味」がみつかる。

思考や表現についても「寄り道して考える」というように「歩く＝Walk」のメタファーで思考プロセスをとらえる。「走る」ではなく「歩く」というのも大事なポイントである。思考したり、表現したりするときに急いでショートカットして進む必要はない。ゆるりとあちこち散策しながら進んでよいと考えているから、「歩く＝Walk」というのがぴったり来る。人類学者のティム・インゴルド[82]は歩くことは知ることの補助ではないと言った。あてもなく野を歩くように、何かを試し、思考し続けるからこそ知ることができる。私たちは動きの中で考えているという感覚がジェネレーターシップの根幹にある。

プロジェクトというWork

3つのWalk(Feel度Walk・Focus Walk・Ferment Walk)を続けていると自ずと独創的仮説が生成され、それを追究するプロジェクトが始まる。気ままに進むWalkによって、見えない地面の下に「菌糸」のように数々の発見が張り巡らされ、突如、キノコがひょいと顔を出すように生まれる「仮説」に導かれてプロジェクトというWorkが動き始める。

Walkしているうちにみつかった仮説を検証するプロジェクトであれ、天から降ってきたミッションに取り組むプロジェクトであれ、締め切りがあり、一定レベル以上の質が求められる。気ままなWalkとは異なる「ガチ」のWorkが、仮説を検証し、ある目的を果たし、優れた作品をつくりだすプロジェクトである。

しかし、Workの場合も、Walkと同じように、探索（Exploration）・試行（Experiment）・表現（Expression）というプロセスを進む。探索フェイズではFeel度Walkならぬ Feel度Workを行う。思考感度を高めるために実際に足で歩くのではなく、直観の赴くままにあちこちさまよいながら思考を進めて、発見感度を研ぎ澄ますWorkがFeel度Workである。こうして自分の仮説がより明瞭になると、仮説に関連した情報を集める。先人が類似した仮説を立てていないか、自分の仮説と対立する仮説はないか探し、組み合わせて考えてみる。自分の仮説と先人の仮説を融合＝FusionするFusion Workを行うのだ。こうしてさらに仮説が洗練されてくると、いよいよ世の中に向けて発表する準備にとりかかる。文章にしたり、プレゼンテーションのための資料をまとめたり、動画をつくったり、歌やダンス、ドラマなどでパフォーマンスしたり、仮説を作品化して表現し、発表するのがFantasy Workだ。この3つのWorkを通じて「探索・試行・表現」するのがプロジェクトである。

発見のFeel度が高まるWork～カオス研究の事例～

Feel度Workの一例として、井庭さんが以前、カオスの模様がどう生まれてくるのかを研究したときのことを紹介しよう。

井庭さんは、2人の学部生が発明した「カオスの足あと」という可視化方法を用いて、その方法で生成される多様な模様の研究をした。カオスを生み出す式は、高度なものでなく、中学生で習う放物線の式のかたちをしている。ごくシンプルな式の関数にもかかわらず、二度と同じ値にならないカオスを生じさせる。その式のパラメータを変えると複雑な美しさをもつ模様が生まれることがわかった。

どういう設定のときにどういう形が生まれるのかをさらに研究するために、コンピュータでシミュレーションを繰り返しているうちに、コンピュータ上での計算の際に小数第何位で四捨五入するかで形の出方が変わるということに気づいた。小数第1位で四捨五入すると単純な図形になるし、桁数が多いと複雑すぎてしまう。ところが、小数第8位ぐらいだと面白い形が出てくる。カオスは無限に違う値を生み出す（周期がない）ので、小数第16位まで行ってしまうと、乱数ジェネレーターみたいになってしまうが、第8位ぐらいだと、四捨五入することで最終的には周期になって同じ値をまた生み出すことになる。複雑な変化のあと周期になって同じ形の部分を生み出すので、見て特徴がつかめるような模様になるのだ。この研究の結果わかったのは、単純すぎても複雑すぎてもダメで、美しいカタチが現れるには適度な複雑さになることが重要だということだ。

こうしてシミュレーションしている最中に現れる形に感動し、どうしてこうなっているのか？と探究し、その原理を探っていくというプロセスで、Feel度が高まってゆくのを井庭さんは実感したと言う。

プロジェクトとなると途端に、直線的に無駄なく最短距離で検証したくなる。しかし、始めの段階では特に、あれこれ試しながら生まれる「発見」に身を任せ、そこで感じたちょっとしたことをすぐに切り捨てない姿勢が大事だ。

出「遇」いと出「遇」いがつながって生まれる「偶」に導かれるFusion Work

次にFusion Workについての事例を述べよう。Fusionとは二つのものが合わさること。似ている二つを比べて違いをみつけたり、全く違うものに共通性を見出したりすることだ。これをマーケティングという仕事で常に行っているのが、私とともに一般社団法人みつかる＋わかるの代表理事を務める原尻淳一さんである。私が原尻さんと一緒にこれまで積み重ねてきたFerment WalkがどんなFusion Workに発展していったか紹介しよう。

私と原尻さんで横浜と八王子を何度もFeel度Walkする中で「養蚕や絹織物」がとても気になり、Focusして追いかけていた。そこで横浜と八王子とをつなぐ絹の歴史を調べるために横浜山下公園の近くにあるシルクセンターという博物館へ出向いた。そこにあった年表と八王子の絹の道を歩いた時に現地の資料館で見た年表とを見比べて、明治政府に統制された養蚕業とは別に海外との直取引を行って発展した八王子独特の姿が見えてきた。「官」とは異なる道を進もうとした八王子を始めとする三多摩地域の独自性があるのではないかという仮説が浮かんできて、この仮説を検証するプロジェクト＝Workを開始したのである。

博物館には、関連する書籍・資料があり、私たちが思いついた仮説とFusionする先人情報があふれている。それを集めて、整理するのがFusion Workであるが、Fusion Workの醍醐味はそれだけにとどまらない。関連情報を調べ始めると、本来の目的とは関係ないこととつながってしまう「偶」が生じる。俗に言う、寄り道、道草である。そこから本当の意味でのFusionが始まる。思わぬ方向へ仮説が引っ張られるのである。

絹織物の歴史年表とは別のコーナーに、絹でつくられたハンドバッグが展示されていて、そのバッグをつくるために使われたのは「天蚕《てんさん》」の糸だと書かれていた。天蚕とはなんだろうと思っていると近くに、生きた天蚕の幼虫が展示されていて、そこに蚕の祖先にあたる野生種のクワコのことだと記されていた。

私たちが知っている、絹糸をとるための蚕は、長い間人間に改良されたため、本来の野生の性質を失った特異な昆虫で、餌を探しまわることも飛ぶこともできない飼いならされた昆虫だった。カイコは食べ物を自分で探せず、決まったものしか食べられず、飛ぶこともできない。人間のために変えられた種で、そうした蚕による生糸生産の工業化が発展するのが明治期。すると、それは学校教育が制度化され浸透していった時期と重なる……「養蚕のカイコの生態×明治期からの教育」というFusionが突如湧いたのだ。

こうして、養蚕の歴史を探るという目的で歩いていながら、天蚕から蚕になっていくことと、明治以降の飼い慣らされた人材を育てる教育制度とのアナロジーが生まれ、当初予想していなかった方向に発想が広がる。これがFusion Workなのである。

いろいろなところを歩き、どこかを訪れたり、誰かと話したりしていると、外から「雑」情報が否応なく飛び込んできて、巻きつく。その情報をバラバラに考えるのではなく、「もしかしたらこれと似ているかも……」「もしかするとここが違うかも……」というふうに類比・対比し、つなげて考える習慣を持つ。すると、そこからありきたりではない自分なりの独創的仮説が立ちあがってくる。既にある他の知識や発想とつなげて考え続けて自分の仮説を磨いてゆくことがFusion Workの面白さである。

質の高い、あるべきカタチを目指して作品化して表現するFantasy Work

「あれ？ もしかして？」という軽い思いつきから事象を追い続け、その都度、起きたことや現れたことをFusionして仮説を更新してゆくとその仮説を通じて見えてきたことを作品化したくなる。文章の形で、あるいは映像で、またはダンスやドラマのようなパフォーマンスで面白い作品をつくろうとするのがFantasy Workである。

現在、井庭さんが最も力を入れているFantasy Workの代表が数々のパターン・ランゲージと言えよう。エピソード4で紹介した私がTCSの子どもたちと行ってきたプロジェクトも、最後は、プロジェクト発表会という形で、保護者を始め、スクール外の誰もが参加できるように開放して、フィードバックを得る機会をつくった。その日を目指して、自分たちの関心と仮説が、社会とつながりがあることを作品を通じて示すために、詩や小冊子をつくり、ポスターで表現し、劇で伝えるFantasy Workに没頭する。表現を磨くプロセスが、ひとりよがりではなく、みんなに伝わるように伝える工夫をするように促し、その結果、仮説自体がより洗練される。こうしたFantasy Workのプロセスに参加し、共に悩み、あるべき表現のカタチを目指して、ああでもない、こうでもないと発表のギリギリまで苦闘するのがジェネレーターだ。

Fusion Work・Fantasy Workのための読書

自分の興味・関心や専門はもちろんのこと、様々なジャンルの本を手当たり次第に読み、本との出「遇」いを広げるために、散歩がてらになじみの本屋を訪れたり、新聞の書評を毎週チェックしたり、ネットで自分の知り合いが紹介した本を探す。こうして常に本をキャッチするアンテナを鋭敏にしていると、いろいろな情報が巻きつき、合わさってFusion Workがより面白くなる。

本を読むのが苦手な人は、本のすべてを理解するために最初から最後まで読もうとして、その結果、挫折してしまうケースが多い。しかし、私たちはFusion WorkやFantasy Workにつながる「仮説」の芽を伸ばすために読んでいる。だから自分の仮説にヒットする部分がないかどうか探しながらパラパラと読み進める。直接仮説を後押ししている部分があればよし。仮説の反例でもよし。新たな発想を刺激してくれる部分があってもよい。流し読み、斜め読みで気になる部分を探すのは、まさに「散策して発見する」のと同じ感覚だ。

ありふれたものに新たな光を当てて手近なWorkを始める

ありふれたものに改めて光を当てて目を向けてみることが新たな発見の入口だ。目のつけどころがよいというよりも、なんとなく見えたものを見逃さず、興味を持ってどうしてだろうと探っていくことを「愚」直に続けているに過ぎない。いきなり最初からすごいことがみつかるとはまったく想定していない。

歴史に興味のない人に蚕の資料館に行って地図を調べなさいとは言わないし、カオスに興味を持つ必要もない。ポップミュージックでも、道端の草でも、最近のファッションでもなんでもいい。自分がなんとなく気になるものから始めよう。ただそのときに大事なのは、自分が関心のあることを追い求めるときにたまたま出「遇」う、ありふれたことや、ジャンルの違う事柄にも目を向けて、自分の関心を寄せてみることだ。Focusしてある事象を追いかけながら、その途上で出「遇」うあまり関係なさそうな「雑」知識も、意識してFusionしてつなげて考えてみることを習慣化する。そして、思いついたことは必ず記録しておく。しばらくしてそれがたまったら、Fantasy Workによって作品にまとめて公開し、フィードバックを得る。そのフィードバックを参考に、さらに追究を続ける。こうした手近なところから始めたWorkを遊び感覚で続けてゆくことで、ジェネレーターシップが育ち、本格的で、手強いプロジェクトにも耐えられるようになると言えよう。

ジェネレーターシップはWalkとWorkの積み重ねの末に「持つに至る」もの

子どもが自由に思いつきを語り、発想するところにジェネレーター性の源は間違いなくある。子どもが学び、成長・発達し、「できない」ことが「できたり」、「わからない」ことが「わかる」ようになるのは、先に知識なり技能なりをインプットした結果ではなく、なんとなく歩き、動きまわり、とりあえず何かをしてみるというジェネレーターシップに身を任せた結果だ。子ども時代の学び方こそ私たちの誰もが持ち合わせているジェネレーターシップを発揮したものだった。

にもかかわらず、知識を身につける学びばかりしているうちにその力が錆びついてしまう。ただ希望はある。大人のジェネレーター性は、錆びついているだけで失われたわけではないので再び動かすことができる。この本の目指すところは、どのように大人のジェネレーターシップを覚醒することができるかということに尽きる。

第一のポイントは、「歩く」ことだ。自然の中でも、近所でもどこでも構わない。歩いて、自分の外側の世界に目を向け、なんとなく気になる「雑」を集める。実際に外を「歩く」だけが「歩く」ではない。手当たり次第、気になる本を読み漁るという「歩く」もある。ひたすら「Walk」し続けることでジェネレーターシップが目覚める。

やがて「Work」が始まっても、「Walk」のプロセスは並行して続ける。「Walk」を終えて「Work」へ段階的に進むのではない。この点を誤解する人が多いので、特に強調しておきたい。

プロジェクトと言うと、ともすると探索・試行・表現の「Work」のスパイラルのみ注目されがちだ。だからいきなり課題を見つけるところからスタートさせてしまう。しかし、そう簡単に追究すべき課題が見つけられるなら苦労はしない。課題が「みつかる」のは、日常、「Walk」するプロセスを積み重ねている中で発酵してくるからだ。ジェネレーターは、「Work」のスパイラルを支える「Walk」のスパイラルがあることを知っている。DNAのように「Walk」と「Work」のスパイラルは二重らせんになって、両方がセットになって進むのだ。あるくとあつまり、あつまったものがあわさり、あむことであらわれる。「Walk」と「Work」とが重なりあって、生成の旅路は果てしなく続く。

「誰にもジェネレーターマインドがある」ということは、発動せざるを得ない状況になったら発動できるポテンシャルを持っているということである。にもかかわらず、錆びついた大人のマインドは、「やっても意味ない」という思いにすぐ惑わされる。だからこそGR「A」SPの中心にある「Accept」を意識することがカギだ。自分からあえてその「状況」を「引き受けよう」とする。「やりたいからやる」のではないし、「やるべきかどうか」もわからないが、とりあえず「主体的に引き受け」て、やってみるのである。このことを川喜田二郎は「絶対的受身の主体性」[83]と言った。

Walkすることを習慣化する中で生成した小さなプロジェクトを立ち上げてWorkする。なかなかうまくいかないことも生じて、追い込まれながらも自ら引き受けて動き続ける。その旅路の果てにジェネレーターシップを「持つに至る」。ある時は引き受け、ある時は身を任せ、創造的コラボレーションすることの積み重ねで、ジェネレーターシップを発揮できる人が育つ。教育哲学者のパウロ・フレイレは[84]、こうした出会いこそ「引き受けた者がそうでない者に施し分け与えるようなもの」ではなく、「世界を〝引き受ける〟人間同士の出会い」であり、「創造の行為」だと言った。最終章では、ともに引き受け創造的コラボレーションをする「仲間」と私たちがどのようにジェネレーターとして育ってゆくのかについて迫りたい。

77 NHK番組『カラフルな魔女の物語 角野栄子85歳の鎌倉暮らし いたずら描きとさんぽ』2020年放映。
78 レイチェル・カーソン『センス・オブ・ワンダー』新潮社 2021年。
79 レベッカ・ソルニット著、東辻賢治郎 訳、『ウォークス——歩くことの精神史』、左右社、2017年。
80 ヘンリー・ソロー、『森の生活 ウォールデン(上・下)』、岩波書店、1995年。
81 ヘンリー・ソロー(著)、山口晃(訳)、『歩く』、ポプラ社、2013年 P48。
82 ティム・インゴルド著、筧菜奈子、島村幸忠、宇佐美達朗 訳、『ライフ・オブ・ラインズ——線の生態人類学』、フィルムアート社、2018年。
83 川喜田二郎、『創造性とは何か』、祥伝社、2010年。
84 パウロ・フレイレ(著)、三砂ちづる(訳)、『被抑圧者の教育学』、亜紀書房、2018年。

Episode 09

仲間 ― Collaboration ― 市川 力

仲間とたくらむ「コ」Laboレーション

発見の「拡張」は発見の「コ」Laboレーション

発見の拡張のプロセスは、発見のコラボレーションとリンクしている。コラボレーションとは、Discovery Expandingに伴う3つの「コ」が生み出す「Labo＝実験」の場なのだ（図9－1）。

最初の「コ」は「個」である。My Discoveryとは、個人の実験による「個」Labo。つまり、自分の素直な思いつきをあれこれ一人で試して探る。エピソード8で示した高校生のFeel度Walkの例のように、自分の思いつき・発見をとりあえず語り、試し、探ることから始めるのが「個」Laboだ。

お互いの「個」Laboによって生まれるそれぞれのMy Discoveryはどうしても気になる。相手の発見や思いつき＝Your Discoveryに興味を持ち始め、触発されて、自分の見方が変わり、視野が広がる。自分の見方から脱け出て相手に「なりきリフレーム」するようになる。自分と相手を

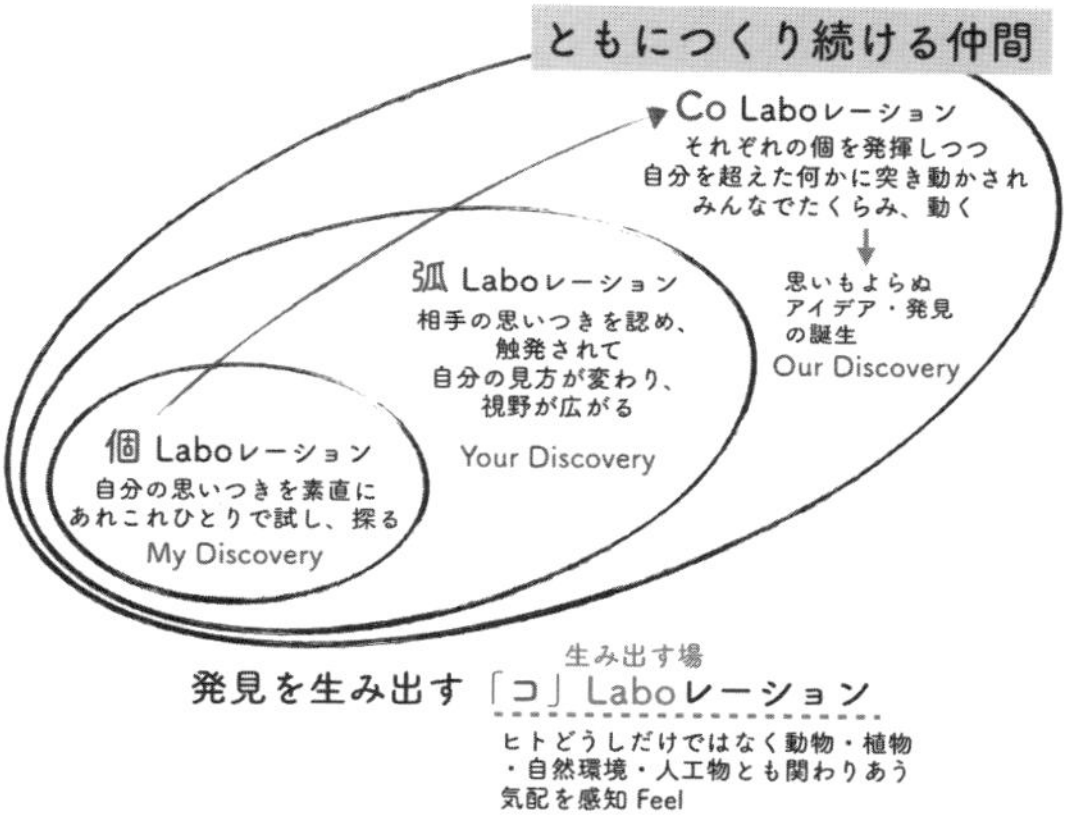
ともにつくり続ける仲間
Co Laboレーション
それぞれの個を発揮しつつ
自分を超えた何かに突き動かされ
みんなでたくらみ、動く
思いもよらぬ
アイデア・発見
の誕生
Our Discovery
弧 Laboレーション
相手の思いつきを認め、
触発されて
自分の見方が変わり、
視野が広がる
Your Discovery
個 Laboレーション
自分の思いつきを素直に
あれこれひとりで試し、探る
My Discovery
発見を生み出す「コ」《生み出す場》Laboレーション
ヒトどうしだけではなく動物・植物
・自然環境・人工物とも関わりあう
気配を感知 Feel

図9-1：発見の「コ」Laboレーションの図

橋渡しする「アーチ＝弧」が生まれ、両者がつながる「弧」Laboという2つ目の「コ」が生まれる。

「弧」Laboが盛り上がってくると、自分も相手も消え、「私たち」という感覚になってきて、いよいよそれぞれの「個」を発揮しつつ、自分を超えた何かに突き動かされ、みんなで企む「Co」Laboが始まる。3つ目の「コ」に到達するのだ。こうして生まれるOur Discoveryは、すでに出た意見について合意形成することを超えて、みんなと企むことで、今まで思いもよらなかった別のアイデアとして結晶する。

ジェネレーターシップを発揮する人を中心にメタメタマップを用いてワイワイ語りあっている状況こそまさに「コ」Laboが拡がる場だ。初めは、それぞれがバラバラに自分の思いつきを語るだけの雑談を繰り広げている。あちこち話が脱線し、このまま何もまとまらないのではと思う瞬間もある。それでもあせらずにメタメタマップを眺めながら語り合っていると「この意見面白いよね」「ここからちょっと思いついたんだけど」というように他者の発言、つまりYour Discoveryに導かれた「弧」Laboのフェイズに突然スイッチする。「さあここから『弧』Laboに移ろう！」と時間を区切らないのに、自ずと移行するのが面白い。やがて参加者の誰かが「もしかしたらこうなんじゃない？」という全体の方向性を語り始める。それは最初には全く見えなかったコンセプトとして語られる。初めは「9月に行うイベントをどうするか？」を語っていたのに、この段階に来ると「ゆるく過ごす場づくりとしてのキャンプをやってみよう」というようにひとつの方向にまとまる。このコンセプトがOur Discoveryとなって、みんながひとつの流れに乗っかって発想する「Co」Laboがスタートする。こうなると誰かの発言は次の発想へのきっかけにすぎなくなり、誰が考えたかをまったく意識しない。みんなが「ゾーン」に入った状態になり、なんの不安もなく、お互い自由に意見を重ねあわせながら、アイデアがジェネレートしてくる。あっという間に半日ぐらい経ってしまうが、会議に特有な重苦しさを味わうことなく、極めて愉快で清々しい建設的なアイデア発想の場となる。

「個」Laboレーションから「弧」Laboレーションへ発展し、「Co」Laboレーションが生まれる流れは、My Discovery・Your Discovery・Our Discoveryの拡張と連動している。こうした経験を積み重ねてゆくと、「個」Laboと「孤」Laboと「Co」Laboを自由に行き来して発見し、発想をふくらませられるようになる。そして、ジェネレーターとして知らず知らず動いてしまった自分に目覚め、ジェネレーターと一緒に何かをつくる心地よさと面白さにはまり、ともにつくり続けるジェネレーター「仲間」になってしまう。

ソーシャルを超えたクリエイティブな発見の連鎖のさらに興味深いところは、「Co」Laboレーションのきっかけとなる「みんな」の中に花とか虫とか風のような自然環境や、人工物など人以外のいろいろなものが含まれることだ。だから会議の前に、数時間、近くをみんなでFeel度Walkしてから始めるのはとてもいい。アイスブレイクする代わりに、なんとなくを追い求めてみんなであたりを散策する。会議に使える時間をたっぷりFeel度Walkに使って周囲にある物や自分をとりまく状況に目を向けると、「なんとなく気になる」ことがみつかり一見関係なさそうなことに誘発され「個」の枠が外れる。こうしたお互いの発見をワイワイ楽しくシェアすると、自然と参加者どうしが打ちとけて「Co」Laboレーションが始まってしまう。すると当初会議で語りあいたかったことについても話が弾み、あっという間に面白いアイデアが出てきてしまうのである。

合わせず、ズレて重ねる対話で発見の「コ」Laboレーションを促す

「コ」Laboレーションを促す対話の場をどうつくるかについても触れておこう。ポイントは話を合わせようとしないことだ。正解を探して答えようとしたり、誰かの期待を忖度したりしない。その一方で、安心な場をつくろうと配慮しすぎて、なんでも「いいね」と受け入れてしまう

「なれあい」の場にしないということでもある。

そうすると、勝手にお互いが言い合って、かみあわないまま進むか、相手の意見を否定・非難するという状況が生まれてしまうのではないかと危惧するかもしれない。こうした非建設的なやりとりを防ぐためには、「ゼロベース」で誰の発見も愛でるというスタンスで仲間と関わるという了解のもとに語り合うところから始める必要がある。

こうして始まる「合わせない」対話を通じてジェネレーター性を目覚めさせるには、誰かの意見に「乗っかりながらズラす」という意識を持って発言することだ。そんな意識をどうやって持つのかと思われるかもしれないが、ゆるやかに、にこやかにアイデアを広げてゆくジェネレーターは、次の枕詞で語り始める。


「なるほど、それを聞いて気づいたんだけど……」

「面白いね、ちょっと関係ないかもしれないんだけど……」


「合わせる」対話は、「すり合わせ」とも言われるように、論理的整合性を確かめ、具体的方法をつめて、整理・整頓し、落としどころを見つけるために行われる。しかし、ズラしながら重ねる「合わせない」対話は、収拾をつけようなどと思わず、広げるだけ広げて、その先に何が浮かび上がるかを探る対話だ。

私たちはこれからの先行きが読めない世の中において、これまでにとらわれずゼロベースで発想することを迫られる。そのとき、みんながアマチュアであるという自覚を持つことからスタートするしかない。知らない部分、わからない部分があるから、なんとなく思いつくことを語ってみる。その時に自分の経験やちょっとしたひらめきをアイデアのひとつとして出し惜しみせず出す。だから君たちも存分に自分の思いつきを惜しみなく出してほしい。それを私は見逃さず、乗っかり、重ねてゆくよという姿勢を示す。

相手の意見は自分の意見を触発する種。相手の意見に共振することで、自分の中に思わぬ意見が生まれる。先に述べたYour DiscoveryとMy Discoveryとの間にアーチができる「弧」Laboした状態だ。少しずつズレてゆくことを面白がる「弧」Laboによって豊かな重なりが生まれる。ズラしながら重ねてゆく語りのミルフィーユを愛することで、今、あるものとは別の世界がみつかる。そんな発見の「コ」Laboレーションを通じて、面白い意味づけがジェネレートしてきて、盛り上がり、自分の中に眠っていたジェネレーター性が目覚め始める。

「コラボレイト」は「コー＋レイバー」つら楽しいプロセスから生まれる「連帯感」

とはいえ、「コ」Laboはいつも心地よいわけではない。「コラボレイト」の語源は「コー＋レイバー」で「ともに労働する」という意味である。Labo＝ラボと呼ばれる実験室は、つら楽しくみんながつくって、活動しているところである。地道な作業を続けなければいけないし、うまくいかなかったり、やり直しもしょっちゅう。そんなつらいレイバーがベースであっても、ラボで実験している面白さがあるから、苦にならない。体が動いてやりたいレイバーで、やらされているレイバーではない。そんなレイバーとラボが重なっているところが面白い。

パッとつくって、サッとできるというのは創造社会の目指す姿ではない。ぶつかりあいながら連帯し、面倒だと思っても一歩踏み出さないといけない。不安がありながらもやってみるしかない。こうしたつら楽しいプロセスを「コー＋レイバー」して歩むのである。

ともにジェネレートされ、「つら楽しい」プロセスを共有した「仲間」には間違いなくエンパシーが生まれる。そのエンパシーは、生き物が本来持つ好奇心センサーが作動し、発見をどんどん集め、さまざまなつながりをつくりだしては組みかえることを面白がる波動を共有している感じである。他者を思い、共感することとは少し違う。自分が面白いということに集中しているうちに、結果的に、共振し、共鳴するという感じなのだ。この感覚は、自分と相手が消えて、中動態状態で参加し、本気で面白がって、没入したからこそ生まれると言える。

ジェネレーターに巻き込まれた人に、結局、ジェネレーターとは何かを尋ねてみるととても面白い答えが返ってくる。ジェネレートされた体験に心から満足しているのに、いまだにそれが何なのかよくわからないと言うのだ。頭・言葉・論理で理解することが当然だと思ってきた人にとってこれは衝撃的な体験になる。説明を理解し、腹落ちしたのとは全く異なる深い喜びと充実感があるからだ。

現代社会での仕事において、ひたすら好奇心に導かれて没入する機会は多くない。日々悶々としている人たちがともに何かを生み出す場に没入すると、ジェネレートされた実感が体に刻まれ、参加者に連帯感が生まれる。終わった後、さらにみんなで結びつき、つくり続けようとするコミュニティが生成されるのである

同じ思いを持つ小さい「仲間」をつくり実験的にチャレンジする

ジェネレーターのマインドセットは鎧を脱ぎ、好奇心のフタを開くことで自ずと覚醒してくる。知識とスキルを身につけてなるわけではない。「なりきりフレーム」し、「ジェネレート」する力を自分がすでに持っていることに気づく機会を得るには、「仲間」とともに何かを「たくらむ」のが一番だ。「なんとなく感じてしまった、思ってしまった」ことを素直に表明できる場をつくり、仲間と語り合ってやりたいことを探ることからスタートしてみよう。

上下関係が厳しく、権威を重んじる人ばかりの集まりで、「私は知っている」「私は専門家だ」と主張するスタンスを変えられない人が支配する環境では、ちょっとした思いつきすら口にできないだろう。これでは、ジェネレーター性が開かれることはなく、やはりジェネレーターにはなれないと挫折してしまうのも無理はない。

まずは同じ思いを持つ小さい仲間をつくり、実験的にチャレンジすることから始める。やれる

ところ、やりやすいところから始めて、ああこういうことかと実感し、感触をつかんで、経験を積むのがジェネレーターシップを自ら育てるための道だ。

生煮えの思いや実践を共有し、出会い、学び続けるコミュニティ We are Generators

実は「たくらみたい」と思っている人たちは意外にいる。ただその思いからどう一歩踏み出してよいかわからないだけだ。そういう秘めた思いを抱いた人たちがインターネットやSNSを使って情報を共有して集まりやすいというのが今の時代のよさでもある。

なんとなく「ジェネレーター」というあり方を「面白そう」と感じた人たちは、「ジェネレーター」が何かを理解するよりも先に「小さな仲間」をつくってたくらみ始めている。こうして始まった「たくらみ」の一例を挙げるとこんな感じだ。

・通常の学校の授業にジェネレーター仲間の多様な大人が参加してまち探検の授業をサポートし、Feel度Walkとメタメタマップづくりを行う。
・自分の好きなことをふるまう屋台をデザインして製作し、渋谷の駐車場スペースで屋台を並べMy Publicをつくりだす。
・それぞれの親子が、勝手に自分の家の近所をFeel度Walkした後、Zoomでつながり、お互いの発見を愛であうリモートFeel度Walkを企画・実施する。

・多様な大人と子どもが家族の枠を超えて関わる３泊４日の「ゆるキャンプ」を企画。自然の中でゆるい時間をひたすら過ごして、大人も子どもも好奇心が自ずとジェネレートする余白の場をつくる。

こうした広がり方を目にすると、年齢も立場も超えて小さなたくらみ仲間のつながりをつくってゆくことが、今ある組織をどう変えるかという議論より重要だと痛感する。何回失敗しても、何回やり直しても構わない。めげずにひたすらたくらみ続けていさえすれば十分。ボツになった分だけジェネレーターシップが覚醒すると思えばよい。こうしてたくらみを日常の習慣としてゆけば、より難しい状況・環境・関係の中でもジェネレーターシップを発揮できるようになる。

「たくらみ」を支えるには、うまくいったこともいかなかったことも素直にさらけ出し、次にどうしたらよいか一緒に考えてくれる人がいる場が必要である。そのために２０２１年９月に立ち上げたのがWe are Generators[85]というコミュニティだ。ジェネレーターに関心を持ち、面白がる生き方をしたいと思っている仲間が集まって、自分の失敗、悩みも含めて、まだ生煮えの状態の思いや、実践の途中経過をプレゼンできる場がWe are Generatorsである。コミュニティの垣根はとても低く、ちょっとでも興味を持ったら誰でも参加できる。コミュニティに入ったばかりの人は、先輩ジェネレーターたちのプレゼンを聞くことからスタートし、触発されて面白研究を始めたら、自分がプレゼンする側にまわる。

We are Generatorsには、いつもジェネレーターシップを発揮し、面白がる代表的存在である通称「ジェ代」も参加している。こうした場で、思いを素直に発すれば、「ジェ代」たちは、ジェネレーター見習いたちのチャレンジに新たな「意味づけ」をしてどんどん返してくれる。ジェ代やジェネレーター感覚に目覚めた「仲間」は、誰かのたくらみをわがことのように面白がる。中動態的立ち位置で、「それはここが面白いんだよね」「別の方法をひらめいちゃったんだけど」という「妄想」を楽しそうに語る。こうして悩んでいた仲間は元気を取り戻し、参加した人たちもワクワクしてくる。このワクワクは、答えが見つかったワクワクではない。むしろモヤモヤがさらに深まったと思えるような展開だ。しかし、モヤモヤだからこそそこに多様な可能性が秘められていると思える。モヤモヤというキャンバスにそれぞれがファンタジーを重ねる。そうすることで思わぬ発見・アイデアに到達し、次の糸口がジェネレートするのである。こうした形で、とりあえず始めたプロジェクトについて気楽に公開でき、フィードフォワードしてゆける。また、始めたい「たくらみ」の仲間を募ることもできる。

ジェネレーターのたくらみシェアの場以外にもWe are Generatorsには様々な機会が用意されている。一つ目は、すでに全国で活躍している注目のジェネレーターたちを紹介し、ジェネレーターどうしが語り合い、つながる場である。学校教育の現場で、あるいは地域のコミュニティで、ジェネレーターがどのような実践を行っているかを学べるのだ。二つ目は、様々な研究者・

専門家をゲストにお招きし、「ジェネレーター」の概念を多角的に分析していく研究会だ。ここでは、各界のスペシャリストと語りながら、「ジェネレーターとは何か」という根源的な概念を深ぼりしてゆくとともに、参加者が自分自身のあり方をみつめなおす。三つ目は、ジェネレーターシップにあふれたジェネレーターが渦を巻き起こすリアルな場への参加だ。一緒にFeel度Walkしたり、なりきリフレームで遊んだり、メタメタマップであれこれ発想したりするライブに身を置き、ジェネレーター感覚を呼び覚ますのを体感できる。

ある種クレイジーに面白がるジェネレーターたちと仲間になる機会を提供し、同じ思いを持つ仲間とともに「なんとなく、とりあえず」から何かに取り組むことができる秘密基地としてWe are Generatorsというコミュニティは動き始めている。

学びと活動を生成し続けるジェネレーターシップに満ちた社会

私たちは再び誰もが自ら何かをつくりだして生きる社会へと回帰している。それは専門性で分断する時代の終焉でもある。何かを教える人と教わる人、つくる人ともらう人というふうに分けてしまうのではなく、それぞれの強みも弱みもある中で、立場は対等で一緒に何かをつくり上げてゆく。そうすれば自ずと何かが生成されると信じている。さらに、生成する流れは、人間を超えた世界とともにあるという感覚も持っている。

私たちは自分自身を何よりもまず形成―済みの世界の地面の上に置かれたもろもろの対象のまわりを進んでゆく観察者にすぎないものとして考えるのではなく、形成―中の―世界のもろもろの流動のなかに自分たちの存在全体でそれぞれが没入している参与者として考えなければならない。私たちがそのなかで見ているところの日光のなかに、私たちがそのなかで聞いているところの雨のなかに、私たちがそのなかで触れているところの風のなかに没入している。（ティム・インゴルド『生きていること 動く、知る、記述する』[86]）

こうしたあり方で日々学び、活動し続けるのがジェネレーターシップに満ちた生き方と言えよう。

ジェネレーターは伝染力・感染力があり、一緒に活動する経験を積み重ねてゆくうちにジェネレーターシップを発揮する人になってしまう。どこまでも「アイ（I・相・合い）」し、「愛」し続けるために、「なりきりリフレーム」し、「歩き愛でスイッチ」をONにする。そして、まずは感じとるためにWalkし、つくるプロジェクトというWorkを「仲間」とともにたくらみ没入する。あるくとあわさりあらわれるという世界観を愛する人が1人、2人と増えて、世の中に小さく面白いことを始める「仲間」が増えることで、学びと活動を生成し続けるジェネレーターシップに満ちた社会へと変化してゆくであろう。

85　https://community.camp-fire.jp/projects/view/469895

86　ティム・インゴルド 著、柴田崇、野中哲士、佐古仁志、原島大輔、青山慶、柳澤田実 訳、『生きていること 動く、知る、記述する』、左右社、２０２１年。

おわりに――あなたは「変」人ジェネレーター

おかえりなさい。森の散策はいかがでしたか。あちこち連れまわされてワクワクともやもやがいっぱいなのではないでしょうか。ジェネレーターについて知った、わかったというのとは違う、不思議な気分かもしれませんね。でもそれはあなたが森の散策を通じてジェネレートされた証。もうみなさんはこれまでのみなさんではない別の存在に「変《か》」わっているのです。

ちょっとしたことを「変《へん》」だと感知するアンテナが研ぎ澄まされ、これまでとは違う「変《へん》」な存在であることを楽しみ始め、これからの出《で》「遇《あ》」いによって「変《か》」えること、「変《か》」わり続けることを面白がる一歩を踏み出しています。あなたはもう何かを生成し続ける「変《へん》」人《じん》ジェネレーターの道を歩み始めているのです。

あとはひたすら続けるのみ。似たような思いを持つ、身近な誰かと「仲間」になって、自分なりに、お好きなようにとりあえずやってみることです。その積み重ねがジェネレーターのマインドを育て、ジェネレーターシップを発揮する人にbecomingすることにつながります。

なんとなく気になったら、とりあえず拾い集め、ひたすら発見の断片を蓄積する。その結果、集まった断片と断片が思いがけなく合わさって、自分の想定をはるかに超えた面白い仮説があらわれる。ひたすらジェネレートのプロセスに身を委ねるからジェネレーター。そんなあり方を率先して発揮しようとするからジェネレーターシップ。その結果、いろいろな意味で「変」人となる。

ともに変人ジェネレーターとして歩んでゆきましょう。みなさんがジェネレートするさまざまな世界の誕生を楽しみにしています。

ジェネレーター・マスター

市川力・井庭崇

執筆者紹介

市川　力（いちかわ・ちから）
一般社団法人みつかる+わかる代表理事

1963年生まれ。慶應義塾大学SFC研究所上席所員。元東京コミュニティスクール校長。長年、大人と子どもが一緒になって探究する学びを研究・実践。全国各地を飛びまわり、多様な人たちが持ち前の好奇心を発揮してともに成長する場をつくるジェネレーターとして活躍。なんとなく気になったことを集めて歩き、旅し、妄想し続ける「雑」のアーカイバー。
主な著書は『探究する力』（知の探究社）、『科学が教える、子育て成功への道（今井むつみとの翻訳書）』（扶桑社）分担執筆者として、井庭崇編『クリエイティブ・ラーニング創造社会の学びと教育』（慶應義塾大学出版会）、『もし「未来」という教科があったなら』（学事出版）。

井庭　崇（いば・たかし）
慶應義塾大学総合政策学部 教授

1974年生まれ。慶應義塾大学環境情報学部卒業後、2003年同大学大学院政策・メディア研究科博士課程修了。博士（政策・メディア）。株式会社クリエイティブシフト代表、一般社団法人みつかる＋わかる理事、および、東京大学発達保育実践政策学センター協力研究者も兼務。
著書に『クリエイティブ・ラーニング：創造社会の学びと教育』『パターン・ランゲージ：創造的な未来をつくるための言語』『社会システム理論：不透明な社会を捉える知の技法』『プレゼンテーション・パターン：創造を誘発する表現のヒント』（以上、慶應義塾大学出版会）、『プロジェクト・デザイン・パターン』（翔泳社）、『対話のことば』（丸善出版）、『コロナの時代の暮らしのヒント』（晶文社）など多数。

ジェネレーター
――学びと活動の生成――

2022年4月5日　初版第1刷発行
2023年11月15日　初版第4刷発行

編著者　市川　力 ＋ 井庭　崇
発行人　安部　英行
発行所　学事出版株式会社
〒101-0051　東京都千代田区神田神保町1-2-5
☎03-3518-9655
HPアドレス　https://www.gakuji.co.jp
編集担当　二井　豪
デザイン　弾デザイン事務所
編集協力　上田　宙
印刷・製本　電算印刷株式会社

ISBN 978-4-7619-2834-6　C3037　Printed in Japan